Lleven su fuego al mundo

Lleven su fuego al mundo

Jóvenes que alcanzaron la santidad

Colleen Swaim

LIBROS LIGUORI™
One Liguori Drive ▼ Liguori, MO 63057-9999

Imprimi Potest: Harry Grile, CSsR, Provincial
Provincia Denver, Los Redentoristas
Publicado por Publicaciones Liguori
Liguori, Missouri 63057
Pedidos al 800-325-9521 o visita www.librosliguori.org

Library of Congress Cataloging-in-Publication Data

Swaim, Colleen.
[Ablaze. Spanish]
Lleven su fuego al mundo : jóvenes que alcanzaron la santidad / by Colleen Swain ; edited by Libros Liguori. -- Primera Edición
pages cm
ISBN 978-0-7648-2176-9
1. Christian saints--Biography--Juvenile literature. 2. Catholic teenagers--Religious life--Juvenile literature. I. Title.
BX4655.3.S9318 2012
282.092'2--dc23
[B]

2012003905

Las citas bíblicas son de *La Biblia Latinoamericana: Edición Pastoral* (Madrid: San Pablo, 2005). Usada con permiso.

Créditos de las imágenes: página 2: Salesianos de Don Bosco; página 9: Wikipedia; Página 18: teresadelosandes.org; página 25: Wikipedia; páginas 34, 39, 40: Patty Kues; página 37: Shutterstock; página 46: chiaralucebadano.it; página 47: Shutterstock; página 53: Missimo Finizio; página 60: Se le atribuye al Museo Diocesano de Milán; páginas 65-67: Wikipedia; página 76: alphonsa.net y st-alphonsa.com; página 79: Wikipedia; página 82: stthomaschurch-sa.org; página 83: Shutterstock; página 88: Rafael del Casal; página 89: Fuente desconocida; página 91: en.wikipilipinas.org; página 92: Shutterstock; página 93: Wikipedia; página 104: Wikipedia/Norbert Schnitzler; página 106: Shutterstock; página 108: Shutterstock; página 113: Fuente desconocida; páginas 126-129: Shutterstock.

Impreso en los Estados Unidos de América

16 15 14 13 12 / 5 4 3 2 1

Primera Edición

Índice

AGRADECIMIENTOS ix

INTRODUCCIÓN xi

SANTO DOMINGO SAVIO 1

SANTA TERESADE LOS ANDES 17

SAN KIZITO 33

BEATA CLARA LUZ BADANO 45

SAN ESTANISLAO DE KOSTKA 59

SANTA ALFONSA DE LA INMACULADA CONCEPCIÓN 75

BEATO PEDRO CALUNGSOD 87

SANTA MARÍA GORETTI 103

MATERIAL COMPLEMENTARIO 117

INTRODUCCIÓN

"¡Si son lo que deben ser,
llevarán su fuego al mundo!"

Juan Pablo II,
Parafraseando a santa Catalina de Siena,
Jornada Mundial de la Juventud del año 2000

Vivimos en un mundo que se mofa de la insensatez de los santos, de esas personas admirables quienes, más allá de las realidades inmediatas, pudieron ver el paraíso que nos tiene preparado nuestro Creador. Las personas que aparecen en este libro no son como las de los cuentos de hadas o de las historias de robots; para nuestra sorpresa son adolescentes de carne y hueso que vivieron en medio de tentaciones y adversidades del mundo y que a su edad lograron lo que muchas personas mayores nunca logran: arder por Cristo. El mundo moderno les presenta un nuevo nivel de dilemas morales a los jóvenes, y los santos y beatos de este libro, vivieron esos dilemas también. Por ello, aun en los confines de su tiempo, estos santos y beatos nos sirven como modelos de vida.

Como podemos leer en el libro del Eclesiastés 1:9-10: "Pero lo que pasará es lo que ya pasó, y todo lo que se hará ha sido ya hecho. ¡No hay nada nuevo bajo el sol! Si algo sucede y te dicen: «¡Mira, esto es nuevo!», no es así; las cosas que observan nuestros ojos ya han pasado en los siglos anteriores". Todo ello es verdad para estos santos y para los caminos tan difíciles que siguieron; esos mismos caminos siguen abiertos hoy más que nunca para nosotros. Así es que te invito a emprender un viaje a través del tiempo y el espacio para aprender un poco más sobre tu propio y verdadero potencial para ser santo, porque todos estamos llamados a llevar nuestro fuego al mundo con la fuerza de los santos.

CÓMO USAR ESTE LIBRO

Te darás cuenta que *Lleven su fuego al mundo* no es el típico libro de vidas de santos. He llenado estas páginas con bastantes notas extras que traerán a la vida a estos ocho grandes cristianos y te motivarán a vivir tu fe con su mismo fuego. El objetivo principal de cada capítulo es describir la historia de cada santo en particular, pero como podrás darte cuenta, hay mucho más.

Como nuestra fe católica se practica de muchas maneras y como los adolescentes aquí presentados provienen de diferentes tiempos y lugares, encontrarás información y definiciones importantes en los recuadros repartidos a lo largo del texto. Léelos, ¡tal vez aprendas algo nuevo!

Para ayudarte a aplicar en tu vida diaria lo que has aprendido, he incluido algunas preguntas de reflexión a lo largo de cada historia para que puedas pensar y plasmar tus ideas por escrito. Hay páginas para que escribas tus pensamientos al final de cada capítulo.

Encontrarás versículos de la Biblia, dibujos, frases y materiales interesantes y divertidos en cada historia. Tómalos, escríbelos, medítalos por un tiempo, la idea es darle vida a cada santo e ¡inspírarte con su santidad!

Al final de cada historia hay una oración que fue escrita o era rezada de forma cotidiana por cada santo. Tómate un momento para rezar mientras te encuentras reflexionando, inspirado por estas historias de santidad. Sabemos que estos hombres y mujeres son poderosos intercesores ante Dios.

Por último encontrarás "Desafíos de santidad". Son ideas o cosas que puedes hacer para entrar en contacto más profundamente con la vida de cada uno de ellos. He incluido de todo: desde noches de película, espacios para que puedas escribir tus pensamientos, hasta recetas de cocina; en verdad, hay algo para cada persona, así que adéntrate en este libro.

Al final del libro hay material adicional que puede ayudarte a profundizar en las enseñanzas del Catecismo de la Iglesia Católica. El material está relacionado con las historias de este libro. ¡No olvides darle un vistazo!

SANTO DOMINGO SAVIO

MISIONERO DEL BUEN EJEMPLO,
DE LAS BUENAS PALABRAS,
Y DE LAS BUENAS ACCIONES

historias fascinantes, se divertía jugando, y evitaba criticar y buscar defectos en los demás. Se acercaba principalmente a los niños enfermos y a los que no tenían amigos.

Domingo, salvo por unas cuantas santas excepciones, disfrutaba la vida normal de un estudiante, con sus cosas buenas y malas.

Algunas veces, mientras practicaba sus deportes, les pedía a sus compañeros que acudieran a la Confesión con él. Ocasionalmente Domingo se separaba de ellos para contemplar algunas visiones sobrenaturales que el Señor le concedía.

¿Tendrías el valor de invitar a algún amigo a ir contigo a la iglesia? ¿Por qué?

No había pasado mucho tiempo en el Oratorio, cuando Domingo decidió que quería ser santo. Él quería "Renunciar a todo y para siempre por Jesús. Si no estoy intentando ser santo, no estoy haciendo nada. No tendré paz si no lo sigo intentando". Siempre acudía con Don Bosco para pedirle su guía y consejo. Éste le dijo que una obra básica de un santo es llevar a Dios a otros para que lo conozcan. Pensó en lo feliz que estaría "si tan sólo pudiera ganar a todos sus compañeros para Dios".

Todos estamos llamados a ser santos. ¿Has vivido creyendo que la santidad es sólo para un grupo selecto y especial, o has afrontado tus propios retos? ¿Cómo ha afectado esto a tu vida de joven católico?

Los santos favoritos de Domingo eran aquellos que habían trabajado en las misiones viviendo con el propósito de ganar almas para Cristo. Si lo hubiera conocido seguramente habría admirado los esfuerzos del beato Pedro Calungsod, quien llegó tan lejos que dio su vida por su celo misionero. Pero como Domingo no tenía los recursos para ir a de misiones, rezaba y pedía por los misioneros, ofreciendo su comunión una vez cada semana. Realizó su labor misionera enseñando catecismo y dando algunas clases particulares, a pesar de que algunos niños se burlaban de él.

Aun teniendo un carácter tan dócil, Domingo se enfrentó a los mismos retos y a las mismas presiones que los jóvenes viven en la actualidad. Un día Domingo casi falta a la escuela por irse a la feria con otros compañeros. Pero antes de que iniciaran las clases, Domingo recapacitó y decidió asistir a la escuela. Reprendió a sus compañeros diciéndoles:

—Si nos quedamos aquí entristecemos a Dios y a nuestros maestros.

Con eso Domingo persuadió a sus compañeros y todos se convencieron de que debían acudir a la escuela.

En otra ocasión Domingo escuchó que habría una pelea entre dos estudiantes más grandes e intentó disuadirlos. Cuando se negaron, Domingo les pidió ser quien pusiera las condiciones para la pelea. Ellos accedieron, siempre y cuando no les impidiera pelear. Los condujo al patio donde había algo parecido a una arena reservada para las peleas. Domingo tomó un crucifijo que colgaba de su cuello y sosteniéndolo en alto dijo con valentía:

—Quiero que los dos miren este crucifijo y me arrojen piedras repitiendo estas palabras: "Jesús, siendo inocente, murió perdonando a sus enemigos; yo, un pecador, lo voy a ofender con este acto deliberado de venganza".

Se acercó a cada uno pidiéndole que le arrojara una piedra. Ninguno lo hizo. Domingo había ganado: no hubo pelea. Fueron los mismos muchachos que se iban a pelear quienes contaron a todos lo que había hecho Domingo.

Recuerda una ocasión en que diste lo mejor de ti para evitar que un amigo se metiera en problemas.

La fe de Domingo continuó creciendo mientras estuvo en el oratorio. Ahí se le motivó a acudir frecuentemente a los sacramentos de la Confesión y de la Eucaristía y escogió un confesor para que lo guiara espiritualmente. Poco a poco, Domingo se volvió aún más activo en su vida sacramental, confesándose cada semana y comulgando todos los días.

Antes de recibir la comunión, Domingo se aseguraba de estar bien preparado espiritualmente y ofrecía su comunión por una intención diferente cada día. Su amor por la Eucaristía era tan fuerte, que cuando rezaba ante el Santísimo, perdía la noción del tiempo y cuando lo necesitaban, alguien tenía que ir a buscarlo.

¿Cómo te preparas para recibir el cuerpo, la sangre, el alma y la divinidad de Jesús en la Eucaristía?

A través de los problemas que tuvo en su juventud, Domingo confirmó su creencia en el poder curativo de la confesión. Se dirigía a su confesor como "el doctor del alma", y frecuentemente buscaba sus consejos y la medicina de la gracia de Dios.

> —Tengo plena confianza en mi confesor, quien es amable y me ayuda mucho —decía Domingo— y no creo que vaya a tener algún problema que él no pueda curar.

Domingo tenía razón, su confesor en efecto lo guió hasta Cristo. Domingo intentó recurrir a la confesión tres veces por semana, pero su confesor sabiamente le dijo que no era una buena idea, pues sabía que Domingo era demasiado escrupuloso. Le aconsejó que en vez de buscar la penitencia y el ayuno, le ofreciera a Dios sus problemas diarios y que sobrellevara las pequeñas dificultades de la vida de forma ejemplar.

> **También** ofrecía la más pequeña de las tareas para la mayor gloria de Dios. Domingo siguió su camino a la santidad a través de todas estas insignificantes acciones.

Con gran diligencia Domingo siguió el consejo que le dio su confesor sobre llevar cruces pequeñas cada día. Consciente de que la lengua puede causar daños severos, se propuso no interrumpir a otros cuando estuvieran hablando, ni entrometerse en las conversaciones ajenas. De igual forma se esforzó por no desperdiciar comida porque creía que "todo lo que tenemos es un regalo maravilloso de Dios".

La oración era una parte muy importante en la vida de Domingo en el oratorio. Trataba de pasar tiempo en silencio leyendo lecturas espirituales o hablando con Dios, y tenía un amor muy especial por la Virgen María. En 1854 se definió el dogma de la Inmaculada Concepción y en la vigilia de la fiesta Domingo rezaba con gran convencimiento:

—María, te doy mi corazón, por favor tómalo como posesión tuya.

En honor a María rezaba en el altar dedicado a su Inmaculado Corazón; en el mes de mayo, participaba en las devociones a nuestra Señora y nunca dejaba de hacer su ofrecimiento diario. Llegó a rifar su cuaderno para recabar fondos y construir un altar a María en su dormitorio de la escuela. Él y sus amigos fundaron la Fraternidad de María Inmaculada en su honor y juntos prometieron recibir la comunión regularmente, seguir las reglas de la escuela y ayudarse unos a otros en su lucha por la santidad.

Inmaculada Concepción: cuando piensas en la frase de la "Inmaculada Concepción" es común pensar en Jesús, quien fue concebido por el poder del Espíritu Santo y nació de María, su madre. Sin embargo, esta se refiere a María, hija de Ana y Joaquín, quien fue concebida sin pecado desde el vientre de su madre. La festividad de la Inmaculada Concepción se celebra el 8 de diciembre.

Especialmente a la luz de su devoción a María, Domingo cuidaba la forma en que miraba a las niñas. Domingo comprendió que la lucha de mirar a los demás con pureza, era parte de su crecimiento, pero no se inventaba pretextos cuando esto le resultaba difícil.

El Inmaculado Corazón de María

—Los ojos son dos ventanas —decía—. A través de estas ventanas entra lo que dejas pasar. Puedes dejar entrar un ángel o un demonio, y lo que dejes entrar se puede apoderar de tu corazón.

ORACIÓN DE SANTO DOMINGO

Oh Jesús, te ofrezco mi libertad:
te ofrezco mi cuerpo y todas sus capacidades.
Todo lo que tengo es tuyo, oh Dios,
y me abandono por completo
a tu santa voluntad.
Amén.

PARA MEMORIZAR

ROMANOS 6:9

Sabemos que Cristo, una vez resucitado
de entre los muertos, ya no muere más;
desde ahora la muerte no tiene poder sobre él.

¿Crees que la muerte tuvo poder sobre santo Domingo? Explícalo.

¿Tienes miedo a la muerte? ¿Cuáles son tus miedos?

Retos de santidad

- Domingo quiere decir "Día del Señor" y Savio quiere decir "que posee sabiduría". Investiga un poco y descubre el significado de tu propio nombre.
- Cuando entró en el Oratorio, Domingo se acercó a sus maestros para aprender todo lo que esperaban de él en su nueva escuela. Repasa el reglamento de tu escuela. ¿Qué reglas obedeces? ¿En cuáles deberías esforzarte un poco más?
- Sabemos por san Juan Bosco, maestro y mentor de Domingo, que Domingo llevaba un crucifijo. Haz un esfuerzo por llevar un crucifijo tú también, para recordar que Cristo murió por nosotros en la cruz para salvarnos del pecado.
- Hoy haz tu mejor esfuerzo, como lo hacía Domingo, para que cuando platiques con alguien, lo escuches de verdad; intenta no interrumpir ni acaparar toda la atención.

ESCRIBE TUS REFLEXIONES

SANTA TERESA DE LOS ANDES

BELLEZA Y FELICIDAD QUE NACEN DE UN CORAZÓN PURO

"La joven virgen de los Andes nos muestra la belleza y felicidad que provienen de un corazón puro"

JUAN PABLO II, 21 DE MARZO DE 1993,
HOMILÍA DE SU CANONIZACIÓN

FESTIVIDAD: JULIO 13

PATRONA DE: LA JUVENTUD Y LOS ENFERMOS

Nacida el 13 de julio de 1900, en Santiago de Chile, hija de Miguel Fernández Jarequemada y Lucía Solar Amstrong, poco imaginaba la recién nacida Juanita Fernández Solar que un día ella se convertiría en la primera santa carmelita de América. La bautizaron con el nombre de Juana Enriqueta Josefina de los Sagrados Corazones, en la festividad de la Virgen del Carmen. La bautizaron con ese nombre en honor a sus abuelas, a san José y a los Sagrados Corazones de Jesús y de María, pero en realidad todos los que la conocían y la querían, siempre la llamaban Juanita simplemente.

La festividad de nuestra Señora del Carmen conmemora la ocasión en que la Virgen María se apareció a san Simón del escapulario. El escapulario es un ornamento, originalmente en forma de cruz, que los carmelitas y otros monjes usaban colgado al cuello.

Juanita era muy cercana a su hermana menor, Rebeca, y disfrutaba pasar el tiempo con toda su familia. Era una familia acomodada que vivía de la agricultura y pasaba buena parte del año en su gran plantación. Refiriéndose a la realidad económica de su familia, ella escribió con claridad en su diario: "Jesús no quiso que yo naciera pobre como Él; nací entre riquezas y fui consentida por todos". De niña, Juanita tenía cabello castaño y ojos azules, y fue muy consentida por su abuelo, quien solía llevar a sus nietos a montar a caballo. Tenía el carácter fuerte y más adelante hablaría de ciertos incidentes de su niñez que la molestaban, haciéndole hervir la sangre y haciendo que apareciera su "puño enojado".

Nuestra Señora del Monte Carmelo

Otro reto al que sus padres se enfrentaron mientras la educaban, fue que Juanita era la más bonita de sus hijos, aunque su madre no lo admitía. No podemos decir que Juanita fuera precisamente perfecta de niña: se peleaba con su hermana menor y cuando se le pedía algún tipo de ayuda, se ponía a perder el tiempo. Con ese carácter, y en esas circunstancias, sus padres sabían que Juanita corría el peligro de ser vanidosa, iracunda y mal agradecida por todas las cosas que tenía, así es que se esforzaron mucho por inculcarle una fe muy fuerte.

Cuando tenía seis años, Juanita iba diario a Misa con su tía. Este contacto regular con la Santa Misa junto con el miedo que le produjo el temblor de 1906, influyeron en Juanita para que suplicara recibir por primera vez a Jesús quien se había "apoderado de su corazón, como si fuera el suyo propio".

> **Temblor** de 1906: En agosto 16 de 1906, un poderoso terremoto sacudió Valparaíso, Chile, dejando a su paso graves incendios, miles de muertos y muchos más heridos.

No obstante, sus padres pensaron que era demasiado joven aún. Su devoción a la Virgen María se hizo más intensa conforme iba creciendo. Ella y su hermano Luis acordaron rezar el Rosario todos los días. Más tarde admitió que olvidó su promesa sólo un día. Años después, le dio una estatua de María a su hermano Luis, escribiéndole en una carta: "Muchas veces, cuando he tenido grandes penas en mi corazón, Ella me ha reconfortado".

Finalmente, el 11 de septiembre de 1910, cuando tenía diez años, Juanita vio cumplido el deseo de su corazón y recibió su primera comunión. La noche anterior, acudió al sacramento de la reconciliación y después le pidió a cada persona que vivía con ella en casa, incluyendo a sus sirvientes, que la perdonara si en alguna ocasión la había ofendido. Después de su primera comunión, compartió con los pobres parte del dinero que le dieron como regalo.

Para Juanita la Comunión era una experiencia muy especial, mucho más profunda que para cualquier joven de su edad. Posteriormente comentaría que Jesús hablaba con ella después de cada Comunión y lo seguía haciendo cada vez que recibía la Eucaristía.

> —Me dijo muchas cosas que nunca soñé y, cuando le pedía que lo hiciera, me contaba muchas cosas que iban a suceder y en verdad sucedían.

Por mucho tiempo Juanita no comprendía lo bendecida que era al recibir este don. De hecho, pensaba que todos los que recibían a Cristo en la sagrada comunión, tenían esas experiencias tan maravillosas.

Juanita tuvo la típica vida escolar de cualquier otra niña de su posición económica. Lo común era que las niñas se fueran a estudiar a internados, pero Juanita pasó muchos de sus años de joven viviendo con su familia y asistiendo a escuelas cercanas. Pero de 1915 a 1918 Juanita se fue a un internado a estudiar la preparatoria junto con otras setenta y nueve señoritas. No fue fácil para ella acostumbrarse a su nueva escuela y Juanita decía que adaptarse a su nueva vida era muy difícil. Como muchas jóvenes, se resistía a volver a la escuela al terminar las vacaciones de verano y decía melodramáticamente:

—Ese lugar es como una cárcel, un calabozo; debería desaparecer.

¿Cómo te motivas para regresar a la escuela cuando terminan las vacaciones de verano? ¿Qué cosas de la escuela extrañas cuando estás de vacaciones?

Con el tiempo cambió su actitud hacia la escuela. En general fue buena estudiante y tenía una carga académica que era todo un reto: Inglés, Caligrafía, Lógica, Metafísica, Psicología, Historia de la Filosofía, Religión, Literatura, Química e Historia Antigua y Medieval así como Historia Moderna de Chile. Además podía hablar francés y sabía bastante latín. Sus materias favoritas eran Religión, Literatura y Filosofía; nunca consiguió que le gustara la Química. Sin embargo, siempre hizo su mejor esfuerzo para complacer a sus padres y al final del curso obtenía las mejores calificaciones.

Juanita tenía actividades extracurriculares como "Los Niños de María", un grupo honorario de religión para jóvenes. También era una buena amiga. Era alta y deportista: hábil para la natación, para montar a caballo y para el tenis. Además tenía talento musical: tocaba el piano y la guitarra, cantaba en las reuniones familiares y guardaba un tipo de órgano llamado armonio en su recámara. Cada mañana tocaba este instrumento mientras cantaba sus oraciones a Dios.

A pesar de que Juanita era una niña que aparentemente tenía todo lo que pudiera desear, se enfermaba frecuentemente y sufría los efectos negativos del cloroformo que le habían administrado a los trece años para calmar el dolor producido por una apendicitis. Pensaba: "Mi vida se compone de dos cosas: sufrir y amar", pero el sufrimiento no la entristecía. Al contrario, decía convencida que su sufrimiento la acercaba a Jesús, quien sufrió toda su vida y también en su muerte en la cruz. En una de sus comuniones místicas, después de recibir la Eucaristía, Jesús le dijo:

—Si quieres ser como yo, toma tu cruz con amor y alegría.

Eso se convertiría en su constante reto.

Con esa madurez y comprensión del sufrimiento, sería un error suponer que sufrir fue fácil para ella. Cuando tenía catorce años, en una ocasión en que estaba enferma, Juanita se quejó de que nadie en la casa la había atendido. En respuesta escuchó un reproche de Cristo que le decía:

—Yo estoy solo por amor en el altar y tú ¿no puedes sufrir ni un momento de soledad?

La percepción que Juanita tenía del sufrimiento le permitía reconocer y tratar de aliviar el sufrimiento de los demás. Buscaba ayudar especialmente a los pobres, quienes sufrían de una pobreza material que ella nunca conoció. Puso sus lecciones de Filosofía en práctica al alimentar, vestir y buscar asilo para un huérfano de nombre Juanito; compartió su sufrimiento al darle su postre y vender su reloj y los regalos que había recibido por su cumpleaños para comprarle unos zapatos.

Mística: en la tradición católica, el misticismo describe el deseo del alma por la unión con Dios. Las "comuniones místicas" de Teresa con Cristo, surgieron de su unión con Él, una unión cimentada fuertemente en la Eucaristía.

El gran cuidado que ponían los

Fernández en ocuparse de las necesidades de sus hijos disfrazaba sus problemas familiares. Igual que muchos padres, los padres de Juanita ponían todo su empeño en darle lo mejor a su familia. Sin embargo, su padre había despilfarrado el patrimonio familiar y estaba intentando recuperarlo.

Como resultado, se ausentaba de casa por largos periodos para hacer sus negocios. Esto, junto con algunas diferencias de carácter, causó tensión entre los padres de Juanita. Ella extrañaba profundamente a su padre y sentía no poder pasar tiempo con él como otras niñas. Le escribía cartas rogándole que volviera a casa y que asistiera a Misa con mayor frecuencia.

En 1917, bajo la orden de la madre Julia Ríos, su directora espiritual, la joven Juanita comenzó a escribir un diario íntimo. Sólo sus directores espirituales y sus familiares más allegados sabían de la existencia de ese diario. Poco después de iniciar el diario, Juanita decidió que quería dedicarle su vida a Cristo y convertirse en su esposa por medio de la vida religiosa. Escribió que "sólo en Cristo puedo encontrar la felicidad, la satisfacción de mis deseos, la posesión de todas las cosas buenas, porque Él es el bien verdadero e infinito". Tras discutirlo seriamente con su directora espiritual, el 8 de diciembre, festividad de la Inmaculada Concepción, hizo un voto permanente de castidad.

Cuando Rebeca, su hermana menor, cumplió catorce años, Juanita le escribió una carta diciéndole que por fin había tomado su decisión. "Escuchas una voz y una luz te muestra el camino que debes seguir en tu vida... esa luz me iluminó cuando yo tenía catorce años. Cambié mi dirección y continué por el camino que debía seguir".

Juanita sentía que había sido llamada amorosamente por Cristo para seguir una gran vocación: salvar a los demás por medio de sus oraciones. Entendía que, como religiosa, sería la novia de Cristo quien

Diario íntimo. Disponible en inglés (traducción del Padre Michael D. Griffin: God, the Joy of My Life). El Diario íntimo de Juanita es una relación de lo que vivió día a día siendo joven.

"debía estar sediento de almas", así que le ofrecía a Cristo, su novio, "la sangre que derramó por cada alma".

Mientras muchas niñas experimentaban dificultad para decidir con quién ir a las fiestas, Juanita, con su voto de castidad, seguía dando los pasos necesarios para convertirse en religiosa. Pero a pesar de ello, Juanita era una joven moderna quien se entusiasmaba al ver un avión despegar y se divertía en todas las fiestas familiares, aunque no siempre sabía cómo integrarse. Juanita tenía admiradores, aunque Luis, su hermano mayor, nunca la vio sola con otros muchachos. Uno en particular le llevaba flores y la acompañaba a caminar por su vecindario, pero nunca fueron novios ni tuvieron una relación que no fuera de buenos amigos.

En vez de escoger novio o con quién salir, uno de los mayores problemas a los que se enfrentó Juanita fue decidir a qué congregación debía ingresar para vivir su vida religiosa. ¿Debía unirse a las mujeres que la habían educado en la Sociedad del Sagrado Corazón o debía optar por la mística y antigua ruta de las Carmelitas? Aunque ella no había conocido a una carmelita, había aprendido sobre ellas al leer la Historia de un Alma, de santa Teresa de Lisieux, la autobiografía de santa Teresa de Ávila y Alabanza de Gloria, de la beata Isabel de la Trinidad. Conocía la espiritualidad de las Carmelitas por las voces de estas tres mujeres. Juanita sentía especial simpatía por santa Teresa de Lisieux y encontró gran parecido entre lo que las dos habían vivido. "El alma de Teresa tiene varios puntos en común con la mía", escribió. "Como ella, yo también he recibido muchos favores de Nuestro Señor, aunque ella alcanzó la perfección en poco tiempo, y yo le he pagado pobremente". Los escritos de santa Teresa de Ávila y los de Isabel de la Trinidad, motivaron su deseo de con-

> ***Director espiritual:*** persona que está capacitada, preparada y autorizada por la Iglesia para guiar a otros a una vida de mayor santidad. Imagina que los directores espirituales son como entrenadores que trabajan para Dios, que nos guían para alcanzar la santidad, la cual consiste en la vida eterna con el Padre.

vertirse en "alma víctima" ofreciendo sus sufrimientos por los demás. Juanita estaba plenamente inspirada en la guía espiritual contenida en los escritos de estas tres mujeres y dos de ellas, santa Teresa de Ávila y santa Teresa de Lisieux, fueron declaradas doctoras de la Iglesia en el siglo XX.

Pero a pesar del gran entusiasmo que sentía por el estilo de vida de las Carmelitas, Juanita temía no poder cumplir con el rigor de la vocación. Incluso su directora espiritual, la madre Ríos, la cuestionaba preguntándole si su salud era suficientemente buena como para poder vivir esa vocación. En respuesta Juanita oró y pidió a santa Teresa de Lisieux que intercediera por ella para que su salud le permitiera seguir adelante con la vocación. Aunque estaba muy entusiasmada tras haber tomado su decisión, estaba también preocupada y le dolía dejar a su familia, especialmente a su madre y a Rebeca; además, las opiniones y reacciones de su familia sobre su deseo de convertirse en carmelita hacían que todo fuera más complicado.

Vocación: la palabra "vocación" proviene del latín *vocare*, que quiere decir "llamar." La vocación es la llamada a los deseos más profundos del corazón del hombre.

Santa Teresa de Ávila

Santa Teresa de Lisieux

Muchos jóvenes, al igual que Juanita a esa edad, tienen dudas acerca de su vocación y de lo que Dios espera de ellos. ¿A qué vocación crees que estás llamado en tu vida? ¿Cómo piensas descubrir lo que Dios quiere de ti?

A los diecisiete años, Juanita comenzó a comunicarse por carta con la madre Angélica del Santísimo Sacramento, superiora de la Orden en los Andes. Como las veinte cartas que se escribieron aún existen, sabemos que se contaban todo, lo bueno y lo malo. Juanita le contaba las alegrías que vivía con su familia, como el nacimiento de su sobrina. También sabemos que cuando Juanita sentía deseos de convertirse en carmelita, tenía un gran conocimiento acerca de cómo vivían las Carmelitas. Le comentó también a la madre Angélica que sabía que la vida de las Carmelitas era una vida de amor y sacrificio, y le dijo que Jesús le había revelado estas cosas desde niña.

Juanita a los 18 años.

En agosto de 1918 Juanita, quien había cumplido ya dieciocho años, regresó a su casa con su familia. Los tiempos habían cambiado desde que inició sus estudios; ¡se dio cuenta de que no quería abandonar la escuela! Sin embargo, Juanita estaba lista para afrontar la siguiente etapa de su vida y encontrar su vocación.

El 11 de enero, Juanita y su madre tomaron el tren de Santiago a los Andes para pasar el día en el monasterio de las Carmelitas. Sólo Rebeca sabía de este viaje, fue un secreto para todos los demás, incluyendo a su padre. Las dos, que estaban acostumbradas a los lujos y a la comodidad, viajaron más de veinte horas para llegar al monasterio, en el que no había electricidad ni agua caliente, sólo gran pobreza y sencillez. Esto avivó el gran deseo de Juanita por convertirse en carmelita.

Juanita escribió con gran alegría todo lo que experimentó en esa visita. Recordó con mucho afecto sus conversaciones con la madre Angélica, la misma con quien se había escrito tantas cartas. "La madre Angélica me habló del amor de Dios con tal elocuencia, que parecía que cada palabra provenía de lo más profundo de su alma", escribió Juanita. "Me hizo ver que Dios mostraba un gran amor y bondad al llamarme y que todo lo que yo era provenía de Dios".

Platicaron hasta las 4:30 p.m., hora en que conocieron al resto de la comunidad y cada una de las hermanas carmelitas saludó a Juanita cariñosamente, ¡lo que resultó de gran sorpresa para la joven! Juanita se sintió muy complacida y dijo que volvería la primera semana de mayo, ¡en tan sólo cuatro meses!

Tres meses después, el 3 de abril de 1919, Juanita por fin le escribió a su padre, que vivía a trescientas millas de distancia hacia el sur, pidiéndole permiso para ingresar al Carmelo en los Andes. También le pidió que hiciera un donativo a manera de dote para apoyar al convento que se encontraba en condiciones de gran pobreza. Junto con su carta le enviaba la firme convicción de que "¡las personas que se aman no pueden ser separadas nunca!". Sin embargo, su padre se entristeció mucho al recibir esa petición, pues sabía que el convento era de clausura y que lo más probable era que nunca la volvería a ver. Tiempo después dio su respuesta a Juanita en persona, diciéndole entre lágrimas que no se podía oponer a la voluntad de Dios, sobre todo porque sabía que ella sería feliz. Juanita se sintió muy contenta al escuchar a su padre; sin embargo, tuvo que decirle que se marcharía en tan sólo un mes.

A pesar que el camino de Juanita al Carmelo parecía estar claro, se encontró con que Luis, su hermano mayor, estaba muy molesto por su decisión y porque sus padres la apoyaban. Le escribió una carta tratando de disuadirla, diciéndole que eso sería desperdiciar su belleza y todas sus habilidades. Aunque las palabras de Luis no lograron su objetivo, sí hicieron que su partida fuera más difícil.

—Yo no soy bonita —le dijo humildemente a Luis—.

Pero si yo tuviera algo de belleza, no dudaría en ofrecérsela a Él [Jesús] también, porque Él merece todo lo bueno y lo bello.

La dote, o dinero proporcionado por la familia de una mujer que está por casarse, con el fin de ayudar a solventar las necesidades del hogar y su familia, generalmente se esperaba también de las mujeres que se consagraban a la vida religiosa. Esto fue especialmente importante en el caso de Juanita, ya que estaba entrando en una comunidad de mujeres carmelitas que vivían en medio de gran pobreza y usarían la dote de su padre para ayudar a solventar algunas de sus necesidades.

Después de esto, Juanita vivió momentos espirituales muy difíciles en los que se sentía tan triste, que fue con su confesor para que la aconsejara.

—Hay una nube obscura que me oculta a quien mi corazón ama tanto y, aunque muero por entregarme espiritualmente a Él, no puedo hacerlo.

Tomar una buena decisión no siempre implica la alegría y aprobación de amigos y familiares. Piensa en un momento en que estuvieste seguro de haber tomado la decisión correcta y nadie te apoyó en un inicio. ¿Cómo reaccionaste para mantenerte firme en tu determinación? ¿Los que se opusieron a tu decisión, se acercaron alguna vez para platicar contigo?

A pesar de sus problemas, Juanita continuó con sus preparativos para irse al Carmelo de los Andes. Como el uso de las cámaras fotográficas estaba prohibido en el monasterio, se tomó una foto con un hábito que una hermana carmelita profesa (grado que no lograría recibir, pues no viviría lo suficiente como para alcanzarlo) le había prestado. Les dio copias de la foto a sus familiares y a sus hermanas del convento, quienes serían su nueva familia. Otra cosa que le preocupaba era qué hacer con su diario. Ella hubiera querido destruirlo antes de irse al Carmelo, pero pensó que si lo destruía, impediría que otros aprendieran de las experiencias que había escrito. "Si lo leen", escribió, "verán la bondad del Divino Maestro que me ha amado tanto a pesar de que he sido malagradecida y pecadora; por eso yo me alegraría si alguien lo leyera". Tomó la decisión de quedarse con su diario cuando un sacerdote le recomendó que así lo hiciera.

Postulante: el primer paso para la vida religiosa de un hombre o mujer. Este periodo se caracteriza por un espíritu de discernimiento inicial y la inducción general a la orden religiosa a la que se desea pertenecer; también se muestra cómo es la vida dentro de esa comunidad.

Juanita tuvo una cena de despedida

Novicio: persona que en su vida religiosa vive un periodo conocido como noviciado (es el paso posterior al postulantado). Un novicio es quien continúa con su educación religiosa y con su proceso de discernimiento sobre sus votos religiosos. Como a Teresa se le permitió concluir su noviciado y hacer sus votos en poco tiempo, murió siendo una carmelita profesa.

con sus familiares y se preparó para partir al día siguiente. Como su padre no resistía la simple idea de verla partir, el 7 de mayo de 1919, Juanita se levantó temprano, fue a Misa y junto con su madre, su hermana Rebeca, su hermano Luis, su tía Juana y una amiga, tomó el tren que llegaría a los Andes a las 11:30 a.m. Desayunaron juntos en el pueblito y se despidieron.

En octubre de 1919, a los cinco meses de iniciar su estancia en el Carmelo de los Andes, Juanita tomó el nombre de hermana Teresa de Jesús y recibió los hábitos como postulante carmelita descalza.

En menos de un año, durante la primavera de 1920, la hermana Teresa comenzó a enfermarse. En Semana Santa, se sintió enferma de una manera muy extraña y el Jueves Santo pasó largas horas rezando. El Viernes Santo, presentaba mucha fiebre y se le ordenó que permaneciera en cama. Estaba tan enferma, que sus familiares llamaron a un doctor para que fuera a verla; había contraído fiebre tifoidea. El lunes 5 de abril solicitó confesarse, comulgar y que le administraran la unción de los enfermos. Aunque a ratos la fiebre le hacía perder la conciencia, a media noche, cuando le ofrecieron que hiciera sus votos como carmelita, gozó de total lucidez y pudo morir como novicia carmelita profesa. En sus últimas horas tuvo muchas pruebas, como los momentos en que pensaba que Dios la había abandonado y se había olvidado de ella.

El lunes 12 de abril a las 7:15 p.m., terminaron sus pruebas espirituales, cuando a los 19 años y nueve meses de edad, murió. La hermana Teresa de Jesús vivió nueve meses en el monasterio carmelita.

ORACIÓN PARA OBTENER LA INTERCESIÓN DE SANTA TERESA DE LOS ANDES

Dios de misericordia, alegría de los santos.
Tú permitiste que el joven corazón de santa Teresa
se encendiera con fuego de amor virginal
por Cristo y por su Iglesia;
e incluso en su sufrimiento,
hiciste de ella testigo alegre de la caridad;
por su intercesión,
llénanos con la gracia de tu Espíritu
para que proclamemos con nuestras acciones y palabras
el alegre mensaje de tu amor por el mundo.
Te lo pedimos por Nuestro Señor Jesucristo, tu Hijo,
que contigo vive y reina en la unidad del Espíritu Santo,
por los siglos de los siglos.
Amén.

PARA MEMORIZAR

DE LA PRIMERA CARTA A LOS CORINTIOS 13:13

Ahora, pues, son válidas la fe, la esperanza y el amor; las tres, pero la mayor de estas tres es el amor.

¿Cómo era el amor de santa Teresa de los Andes que le permitió vivir en total obediencia, pero a la vez ser revolucionaria? ¿Cómo se percibe este tipo de amor en nuestra sociedad y en el mundo?

Retos de santidad

- Cuando Juanita era adolescente, se unió a la Sociedad Reparadora por los Sacerdotes, cuyo propósito consistía en rezar por las necesidades de los sacerdotes. Elige un sacerdote, ya sea que viva en tu comunidad o bien en cualquier parte del mundo, para que pidas por él y ofrezcas sacrificios por su ministerio.
- ¿Quién es tu santo patrono y cuándo es su fiesta? Márcalo en el calendario, investiga cómo fue su vida y ¡piensa algún modo en que puedas celebrar!
- ¡Noche de película! Busca una miniserie producida en Chile, llamada "Santa Teresa de los Andes". Esa producción nos muestra su vida cuando era adolescente.
- Cocínate un platillo típico de Chile: empanadas de queso (encuentra la receta en la página 126).

ESCRIBE TUS REFLEXIONES

SAN KIZITO

¿EL MÁS GRANDE
TESTIGO DE CRISTO

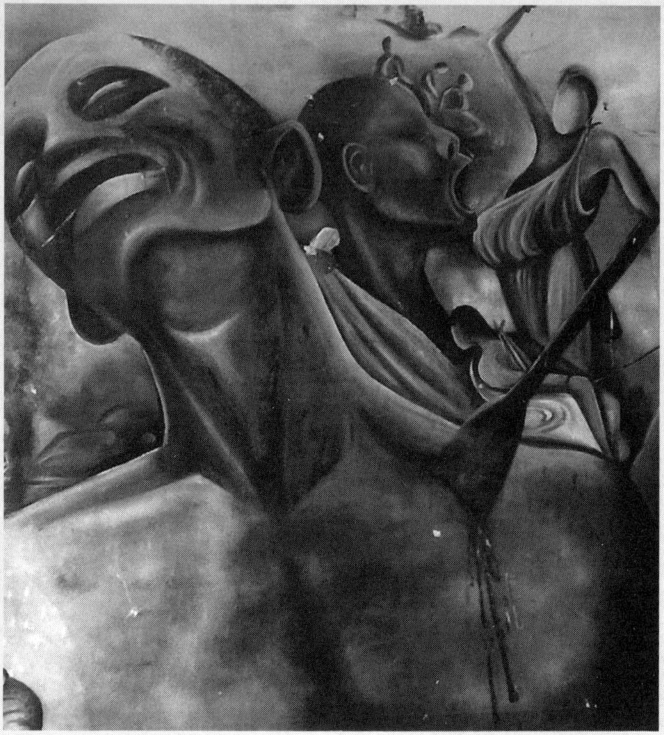

**“Nuestra esperanza y confianza,
como la de los santos mártires,
quienes tanto en el norte como en el sur del país,
fueron grandes testigos de Cristo, están cimentadas
en el poder de nuestro Señor resucitado,
cuya gracia salvadora jamás decepciona”.
(Romanos 5:5)**

JUAN PABLO II, 21 DE MARZO DE 1993,
HOMILÍA DE CANONIZACIÓN

FESTIVIDAD:
3 DE JUNIO

PATRONO DE:
LOS NIÑOS Y LAS ESCUELAS PRIMARIAS

No sabemos mucho sobre la corta vida ni sobre la infancia de San Kizito. Kizito, un miembro de la tribu Muganda, hijo de Lukomera y Wangabira, nació en el sur de Uganda.

La llegada de los misioneros católicos a Uganda es de suma importancia para la historia de Kizito. En 1879, cuando Kizito era tan sólo un niño pequeño, Kabaka Mukabya, rey de Buganda, invitó a los misioneros católicos a venir a su reino. El cardenal Carlos Lavigerie, un sacerdote Francés, envió a los Padres Blancos en un viaje de quince meses al Lago Victoria en Uganda, donde trabajarían como misioneros. Desde su llegada, su estrategia consistió en crear misiones más grandes en las zonas más pobladas y distribuir a lo largo del país misiones más pequeñas que quedaran a un día de camino entre ellas.

Buganda: es un reino que se encuentra en el centro de Uganda.

No sabían que allí les esperaba el inmenso deseo de la gente por abrazar la fe. Decidieron que las personas que quisieran ser bautizadas debían asistir durante dos años al catecismo. Aunque a primera vista esto parecía injusto y contradictorio, era lo mejor para quienes deseaban ser bautizados; además, era una forma en que los misioneros podían asegurarse que la conversión de los catecúmenos se debía a motivos verdaderos y no sólo a que pensaban que les darían comida o que tendrían un futuro más próspero.

"Kabaka": es el término que se usa para referirse al rey en el reino de Buganda, en Uganda.

Desafortunadamente, con el tiempo, los Padres Blancos perdieron el apoyo de Kabaka Mukabya. Fueron exiliados de 1882 a 1885 y se les obligó a abandonar a sus catecúmenos hasta que el rey accedió a dejarlos trabajar nuevamente con su pueblo.En 1885, Kabaka Mukabya murió y su hijo Mwanga se convirtió en el nuevo kabaka. Ansioso por elevar el nivel cultural de su reino, Kabaka Mwanga, sabiendo que los misioneros abrirían escuelas para su pueblo, los invitó a que regresaran. Les prometió seguridad y libertad para ense-

Catecúmeno: persona que está conociendo y estudiando a Cristo y a su Iglesia para ser bautizada.

Padres Blancos: originalmente los llamaron con ese nombre porque vestían con túnicas árabes blancas. Actualmente se les conoce como Misioneros de África y continúan con su labor en todo el Continente Africano.

ñar la fe a quienes quisieran. Además, para demostrar que su reinado sería diferente al de su padre, les dio a los cristianos cargos prominentes en su gobierno, llamados en Uganda "los que rezan". Un destacado joven cristiano, Carlos Lwanga, recibió un cargo importante.

Al igual que muchos jóvenes, Kizito fue un paje en la corte de Kabaka Mwanga y trabajó bajo la supervisión de Carlos Lwanga. Pero el nuevo rey comenzó a volver al odio de su padre hacia los cristianos. No estaba a gusto con la moralidad de sus súbditos cristianos. José Mukasa Balikuddembe, su asistente principal y líder de la comunidad católica en el palacio, le rogó al kabaka que no obligara a sus sirvientes, especialmente a los jóvenes y a los niños, a cometer actos impuros. Como respuesta, Kabaka Mwanga mandó matar a José el 15 de noviembre de 1885. La ira de Mwanga se extendió a todos los cristianos que se negaran a hacer lo que él decía; se ensañó sobre todo con quienes aconsejaban a los jóvenes a ser cuidadosos con sus elecciones.

Después del martirio y muerte de José Mukasa Balikuddembe, Mwanga arrestó y mató a tres cristianos por la sencilla razón de creer en Cristo. Al mismo tiempo Mwanga trató de conservar su relación con los Padres Blancos, dándoles un mejor trato e incluso permitiéndoles evangelizar a los pajes en la cámara de audiencias del palacio con el fin de enmendar los asesinatos que había realizado.

Eran tiempos peligrosos para ser cristiano en el palacio del reino de Buganda.

Sin embargo, a pesar de los peligros, muchos querían ser bautizados en la fe católica. En esos días, los Padres Blancos decidieron que quienes quisieran ser bautizados, debían asistir al catecismo durante cuatro años, en lugar de dos.

Pero en el caso de Carlos Lwanga, decidieron hacer una excepción y le permitieron bautizarse el 15 de noviembre de 1885; esto se debió al gran celo y amor de Carlos por el catolicismo, así como al gran peligro que representaba ser cristiano en un reino donde el martirio era una realidad muy posible para todos. Se negaron a bautizar a Kizito, a pesar de sus ruegos. Él tendría que esperar.

Para entonces, era evidente para la comunidad cristiana en Uganda que Mwanga era tan falso e impredecible como su padre. Mwanga consideraba que tanto los misioneros católicos como los anglicanos, eran otro intento de Europa por quitarle su reino. Se encontraba ante la disyuntiva de querer educar a su pueblo, y la paranoia de que los misioneros querían derrocarlo. Además, se oponía a las enseñanzas cristianas que condenaban la poligamia, el saqueo y las masacres durante las guerras. Incluso en estas situaciones tan desfavorables, los misioneros veían con entusiasmo que sus misiones iban a tener un gran éxito, pues al parecer, todo el reino quería convertirse al cristianismo.

A pesar de los crecientes peligros, Kizito fue bautizado el 26 de mayo de 1886, a sus catorce años de edad, junto con otros cuatro pajes por Calros Lwanga que era el jefe de los pajes del palacio y el nuevo líder de la comunidad cristiana. Esto muestra un gran valor por parte de Lwanga, ya que había sido bautizado el mes de noviembre anterior, cuando tenía casi 25 años de edad.

Poligamia: práctica que consiste en tener más de una esposa.

El odio de Mwanga hacia los sacerdotes se volvería aún más grande. Una vez que regresaba de mal humor tras su cacería de hipopótamos, se encontró con que no había ninguno de sus pajes en el palacio, pues muchos de ellos se había ido a rezar sus oraciones cristianas. Pero su enojo fue mucho mayor cuando quince de sus pajes, especialmente Kizito, Gyavira Musoke y Mugagga Lubowa, que eran los más apuestos y honorables, rechazaron sus insinuaciones. Preso de su ira, Mwanga decidió no permitir a nadie la salida del palacio para interrogar a todos si se habían convertido al cristianismo.

Mwanga, apoyándose en dos de sus verdugos, hizo traer a sus pajes para cuestionarlos sobre su fe cristiana y el rechazo que mostraban a cometer actos impuros con él. Exigió que le dijeran qué fe elegían. Cuando todos (incluyendo a Kizito que había sido bautizado apenas la noche anterior) valientemente profesaron que eran cristianos, Mwanga los mandó atar y ordenó que todos, incluyendo al sobrino de su verdugo principal, fueran quemados hasta morir.

El padre Lourdel, que era el director espiritual de los pajes, ofreció su vida a cambio de las vidas de Carlos Lwanga, Kizito y de las del resto de los pajes, pero Mwanga no aceptó.

Los pajes fueron atados y se les obligó a caminar treinta y siete millas al norte de Kampala, para llegar a Namungongo, lugar donde serían ejecutados. No contento con la idea de matar a los cristianos discretamente, el kabaka ordenó que fueran llevados en procesión, atados con cuerdas alrededor de sus cuellos.

Saqueo: robar violentamente, especialmente durante las guerras.

Mientras tanto, los pajes rezaban y comentaban las lecciones de catecismo que habían aprendido. Carlos Lwanga caminaba al frente del grupo, manteniendo una actitud tan serena como la del resto de los pajes, incluso cuando se acercaron al lugar donde sabían que iban a ser ejecutados. Muchos comentaron que Kizito, a sus catorce años de edad y con su corta estatura, siempre tenía una actitud positiva, tocaba música para entretener a sus amigos y reía mientras caminaba. Denis Kamyaka, un paje que también marchó a Namungongo para ser ejecutado y que fue puesto en libertad, recuerda que Kizito caminaba con alegría y sin preocuparse por el final que le esperaba.

Cuando iban a la mitad del camino, un hombre llamado Senkole se aproximó al verdugo. Su función sería, obedeciendo al paganismo del rey, golpear en la cabeza con una antorcha encendida a quienes iban a ser martirizados; esto con el fin de evitar que una vez muertos, volvieran a la tierra a atormentar al kabaka. Este mismo Senkole, quien presenció las muertes de los mártires de Uganda, se convirtió en catecúmeno tiempo después.

Ya que Mwanga quería que los mártires mostraran lo que le pasaría a cualquiera que intentara desobedecer al rey, envió representantes de los diferentes lugares de su reino a presenciar la ejecución de forma que, al volver a sus hogares, contaran lo que habían visto. Sus reportes cuentan que los mártires fueron enrollados en petates y colocados junto a la leña. Para prolongar su sufrimiento, los solados

Un mural que representa el martirio de Kizito.

mantuvieron el fuego bajo mientras los mártires morían quemados. Dieciséis jóvenes católicos, entre los trece y los treinta y cuatro años de edad, fueron martirizados ese día, en el que conmemoramos la festividad de la Ascensión.

Mártires de Uganda: hay otros mártires que comparten la festividad de san Kizito: san Denis Ssbugwawo, san Gyavira Musoke, san Ambrosio Kibuuka, san Aquiles Kiwanuka, san Mbaga Tuzinde y san Mugagga Lubowa. Lo que distingue a Kizito del resto de los mártires es que a sus catorce años, él fue por mucho el paje más joven que murió heroicamente por su fe.

Santuario de san Kizito.

ORACIÓN

María, ¡Reina de la Paz!, te encomendamos a los hombres,
las mujeres y los niños de Uganda.
Que por medio de tu intercesión, el Espíritu de Dios
conceda paz duradera y prosperidad a esta nación.
Que la luz de Cristo destierre la obscuridad espiritual
que trae consigo egoísmo, violencia, odio e injusticias.
Que todos los corazones estén abiertos
para recibir el amor de Dios.
Que todos los que se encuentran divididos
por antagonismos étnicos o políticos
aprendan a trabajar unidos para construir
una sociedad de justicia, paz y libertad para sus niños. Amén

-extracto del Ángelus que rezó el Papa Juan Pablo II en la capilla de los mártires de Uganda, en Namugongo, Kampala.

PARA MEMORIZAR

ROMANOS 5: 3-5

Incluso no nos acobardamos en las tribulaciones, sabiendo que la prueba ejercita la paciencia, que la paciencia nos hace madurar y que la madurez aviva la esperanza, la cual no quedará frustrada, pues ya se nos ha dado el Espíritu Santo, y por él el amor de Dios se va derramando en nuestros corazones.

Escribe el nombre de una persona que actualmente trabaje para construir una sociedad de justicia, paz y libertad para los niños. ¿Qué hace exactamente esa persona?

Retos de santidad

- Si fuiste bautizado cuando eras un bebé o un niño pequeño, habla con tus padres y padrinos e investiga todo lo que puedas sobre tu bautizo, incluyendo a qué edad te bautizaron, dónde fue el bautizo, quién te administró el sacramento, y quiénes más te acompañaron ese día. Trata de encontrar tu vela bautismal, el acta de bautismo, y el ropón que usaste.
- Si aún no tienes un álbum con fotos y recuerdos de los sacramentos que has recibido, inicia uno.
- ¡Ríe! Kizito es un ejemplo de santidad que supo mantener una sonrisa en su rostro y alegría en su corazón incluso en los momentos en que se enfrentó literalmente a peligros mortales.
- ¡Ve la película UP! Esta conmovedora película trata situaciones complicadas de la vida con un toque de humor. Prepárate para llorar y para reír mucho.
- Háblale de tu fe a una persona, sin miedos, con el celo de un recién convertido.
- ¡Prueba el matoke! (encuentra la receta en la página 127). Es una comida típica que ¡a todos en Uganda les encanta! Si fueras a cenar matoke con la familia de Kizito, lo prepararían en un comal al aire libre, de cualquier forma, esta receta fue adaptada para que se pueda preparar en una cocina normal.

ESCRIBE TUS REFLEXIONES

ESCRIBE TUS REFLEXIONES

BEATA CLARA LUZ BADANO

UN RAYO DE LUZ

“Queridos amigos, ¡sólo el Amor con la «A» mayúscula da la verdadera felicidad! Lo demuestra también otro testigo, una joven que ayer fue proclamada beata aquí, en Roma. Hablo de Clara Badano, una muchacha italiana, nacida en 1971, a quien una enfermedad llevó a la muerte en poco menos de 19 años, pero que fue para todos un rayo de luz, como dice su sobrenombre: «Clara Luz»“.

BENEDICTO XVI, ANGELUS,
26 DE SEPTIEMBRE DE 2010.

FESTIVIDAD: 29 DE OCTUBRE

Tras nueve años de rogarle a Dios que les enviara un hijo, Ruggero y María Teresa Badano, fueron bendecidos con la llegada de Clara el 29 de octubre de 1971. Vivían en Sassello, una montaña en las afueras de Savona, Italia. Ruggero provenía de una familia que se dedicaba a vender ropa, era un conductor de camiones y un hombre de gran fe. María Teresa creció en una familia de siete hermanos y hermanas que con gran esfuerzo lograba comprar lo indispensable, sobre todo después de que se incendió su casa. Después de muchos años pidiendo a Dios que les mandara un hijo, María Teresa y Ruggero estaban convencidos de que Dios tenía un plan para todos y confiaban plenamente en Él. Teresa se refería a sus problemas como a la "voluntad de Dios, quien me ama y por lo tanto, el hecho de no poder embarazarme, es parte de su amor también".

Cuando por fin nació Clara, su madre decidió dedicarse únicamente a cuidarla, creía que le correspondía enseñarle a su hija a amar. Así es que de niña, en compañía de su madre, Clara pasó gran parte de su tiempo jugando, conviviendo con la naturaleza y sirviendo a los menos afortunados. Ya que sus padres la llevaban a Misa desde que era bebé, para cuando entró al kínder, ya se encontraba ahorrando para apoyar a las misiones en África y soñaba con ser una doctora para poder ayudarlos. Durante la primaria, Clara regalaba sus almuerzos a un compañero que tenía poco dinero y no llevaba qué comer. Cuando su madre supo lo que hacía Clara, le em-

pezó a dar el doble de comida para almorzar, pero lo que consiguió es que Clara lo regalara también.

Sus padres, conscientes de que Clara era hija única, hicieron un esfuerzo para educarla muy bien y no consentirla. Igual que cualquier otro niño, de vez en cuando Clara tenía problemas con sus padres para hacer ciertas labores de la casa, regalar algunos juguetes a los pobres o a la hora de rezar. Pero a final de cuentas no pasaba mucho tiempo antes de que ella libremente decidiera obedecer. Sus padres la educaban con mucho amor. La madre de Clara sabía que educarla era su obligación, sin embargo también sabía que "antes de cualquier cosa, tengo que darle todo mi amor". Su padre pensaba de la misma manera y a pesar de ser muy estricto, decía: "siempre lo hice por amor; en ningún momento lo hice por cansancio o por otra razón que no sea el amor".

Clara no era una niña perfecta, una vez tomó una manzana de un vecino sin pedírsela y su madre le hizo devolverla y ofrecer una disculpa. Los esfuerzos de sus padres por hacer de Clara una niña honesta, fueron recompensados cuando tiempo después ese vecino le regaló una canasta llena de manzanas a Clara.

A los nueve años se unió al movimiento juvenil ecuménico Gen (Nueva Generación). Los Focolares jugarían un papel crucial en el resto de su corta vida. Ahí fue en donde Clara conoció a la fundadora de este movimiento, Clara Lubich, quien tendría una gran influencia en su vida.

Los Focolares: iniciado en la segunda guerra mundial, su nombre proviene de una palabra italiana que significa "hoguera", es un movimiento internacional reconocido por la Iglesia, cuya misión es evangelizar. En particular, este movimiento nace en la oración de Jesús en el Evangelio según Juan 17:20-21, "No ruego sólo por éstos, sino también por todos aquellos que creerán en mí por su palabra. Que todos sean uno, como tú, Padre, estás en mí y yo en ti. Que ellos también sean uno en nosotros, para que el mundo crea que tú me has enviado". Los miembros de Focolare trabajan para que todos sean uno, como pidió Jesús en su oración.

Clara vivió la espiritualidad de los Focolares, que consiste en amar al Cristo "olvidado" a través de los problemas y dificultades de la vida, en lo más profundo de su corazón. A los doce años, Clara proclamaba en sus cartas que: "...mi nuevo propósito es ver a Jesús olvidado como mi esposo y recibirlo con todo mi amor y alegría". Al aceptar esta cruz, Clara adquirió una gran fortaleza, que tiempo después necesitaría, pues sería puesta a prueba hasta el límite, en lo físico y en lo espiritual.

Los otros niños molestaban a Clara apodándole "monja" porque asistía a Misa, iba a clases de religión y dedicaba gran parte de su tiempo a ayudar a los enfermos. Sin embargo, sería erróneo pensar que Clara no dedicaba tiempo también para divertirse con sus amigos. Para esta niña extrovertida, la "diversión" implicaba escuchar música pop, cantar, bailar, jugar tenis, escalar montañas y nadar en la playa. Su amiga Lucía dijo que Clara tenía una gran vitalidad, y sus amigos podían ver esa vitalidad y pureza en sus ojos y en su sonrisa. Clara trató de ser muy recatada en sus relaciones con los muchachos, procurando mantener sus relaciones con ellos de la manera más correcta.

Ecuménico: movimiento que tiene por objetivo la unidad de todos los creyentes en Cristo.

Ese mismo año, su familia se mudó del pueblito de Sassello a una pequeña ciudad llamada Savona para estar más cerca del trabajo de Ruggero y de la escuela de Clara. Durante los fines de semana regresaban a visitar a sus amigos de Sasello. A pesar de lo mucho que se esforzaba, Clara no era precisamente una estudiante destacada, incluso reprobaba algunas materias. Una vez, una maestra que durante las clases criticaba al Papa de gastar grandes sumas de dinero en sus viajes, habló con la madre de Clara y le dijo que, por la manera en que siempre defendía al Papa, Clara podría llegar a ser una muy buena juez o abogada. Ella vivió el mismo tipo de problemas que tienen los jóvenes hoy en día: se estresaba por las materias que le costaban trabajo, le preocupaba su escuela, pensaba en su futuro y trataba de negociar los permisos con sus padres.

¿En qué área de tu vida tienes más problemas para ser mejor, a pesar de que te esfuerzas mucho?

En noviembre de 1985, teniendo tan sólo catorce años y cursando el primer año de preparatoria, Clara decidió hacer del mensaje tan extraordinario de los Evangelios, el centro de su vida. Comenzó a asistir diario a Misa buscando vivir una vida católica de acción y testimonio. Esto era algo como ir contracorriente ya que la mayoría de los jóvenes no buscan hacer de la religión el centro de sus vidas.

Vitalidad: con mucha energía; lleno de vida.

Clara le ofrecía a Jesús todo lo que hacía, y en una ocasión dijo:

—¡Es tan difícil ir a contracorriente!, pero te lo ofrezco, Jesús.

Clara creía firmemente que "los jóvenes tienen solamente una vida, y que vale la pena vivirla bien".

Al igual que su homónima, santa Clara de Asís, era una joven muy activa. No se conformaba simplemente con decir que era cristiana. Se sentía obligada a dedicarle su vida a Cristo. Hablando de la misión evangelizadora que tenemos los cristianos decía:

—No debo limitarme a hablar de Dios, mi amor por Él debe reflejarse en mis acciones.

Cada vez que los demás olvidaban ver a Cristo en su prójimo, Clara les recordaba que lo que hicieran a otros, lo hacían al mismo Cristo. En la parroquia de Clara había un niño que tenía una discapacidad mental y cantaba tan fuerte que distraía a todos durante la Misa. Un día le pidió a la madre de Clara que se sentara junto a él. Más tarde, cuando su madre le contó a Clara lo que había pasado, ella le contestó que sabía que Jesús se había hecho presente en ese niño. El día en que Clara falleció, ese mismo niño se quitó el sombreo, besó su pies y rezó todo el Rosario sin que nadie lo ayudara.

En el verano de 1988, Clara comenzó a sentir un dolor terrible en su brazo y en su hombro mientras jugaba tenis. Conscientes de que algo andaba mal, Clara y su familia consultaron a un doctor para que les dijera cuál era el problema. Inicialmente pensaron que se había roto una costilla, pero el diagnóstico resultó ser mucho más serio. A sus diecisiete años, estaba invadida de osteosarcoma, un tipo de cáncer en los huesos. En medio de tanto dolor, Clara siempre mantuvo una actitud muy valiente.

—Es por Ti, Jesús; si Tú lo quieres, yo lo quiero también —decía refiriéndose al dolor.

Estaba tan decidida a permanecer consciente de lo que la rodeaba y de su propio sufrimiento, que se negó a recibir la morfina que los doctores le ofrecían, explicándoles que lo negativo de la morfina era que le quitaría la lucidez. Para Clara, estar consciente de su enfermedad y de su sufrimiento era muy importante, porque así se lo podía ofrecer a Jesús.

Clara tenía la habilidad de tranquilizar, llenar de paz y llevar el mensaje de Dios tanto a los demás pacientes con cáncer en los huesos, como a los médicos que la atendían. Para describir la actitud que Clara mantenía ante su enfermedad, los doctores usaban adjetivos como "increíble" y "sobrenatural". Uno de los doctores que más la conoció, el Dr. Antonio Delogu, se refirió posteriormente a ella diciendo:

Lucidez: estado en que se goza de las propias facultades mentales.

—Nos demostró con su sonrisa y con sus ojos llenos de luz, que la muerte no existe, sólo existe la vida.

Ruggero, su padre, comentó que Clara ayudó a otra paciente joven que sufría de depresión. Clara salía a dar paseos con ella para consolarla, a pesar de que sabía que debía permanecer en cama para cuidar su propia salud. Cuando sus padres le decían que debía reposar, Clara contestaba:

—Podré descansar más adelante.

Mientras estuvo enferma, Clara se mantuvo en comunicación

con su directora espiritual, Clara Lubich, por medio de cartas. En los Focolares, al iniciar una nueva etapa, se acostumbra tomar un nuevo nombre como símbolo de la fe que se tiene en Cristo. Y Clara Badano le pidió a Clara Lubich que le sugiriera un nuevo nombre. Lubich le contestó en la primera de sus muchas cartas que "tu cara iluminada muestra tu amor por Jesús", y le sugirió "Luz" como su nuevo nombre. En una carta en 1989, Lubich le dijo a Clara que ella aún podía dar frutos abundantes en su vida e hizo alusión al mensaje que Jesús nos da en el Evangelio según san Juan 15:5-8:

Yo soy la vid y ustedes los sarmientos. El que permanece en mí y yo en él, ése da mucho fruto, pero sin mí no pueden hacer nada. Al que no permanece en mí lo tiran y se seca; como a los sarmientos, que los amontonan, se echan al fuego y se queman. Mientras ustedes permanezcan en mí y mis palabras permanezcan en ustedes, pidan lo que quieran y lo conseguirán. Mi Padre es glorificado cuando ustedes producen abundantes frutos: entonces pasan a ser discípulos míos.

En tu vida, ¿de qué forma das frutos?

Durante su enfermedad, Clara se acercó más a Dios, cargando su cruz con alegría. Pudo haber sido una época de soledad y amargura, sin embargo, Clara aprovechó su situación para estar más cerca de Dios. Para no pensar en sí misma, incluso durante los momentos de sufrimiento, constantemente pensaba en los demás. Donó todo el dinero que recibió en su cumpleaños a un amigo que se fue a excavar pozos para llevar agua limpia a las comunidades de Benín, un país al este de África.

Clara quería que sus padres salieran a festejar el día de san Valentín; pero como a esas alturas ya estaba muy enferma, sus padres se rehusaron a dejarla. Dado que no tenían planes de salir, Clara hizo reservaciones para ellos, y les dijo que no volvieran antes de medianoche. Clara estaba preparando a sus padres para el momento en que tendrían que seguir sin ella, recordándoles que su relación matrimonial no debía afectarse por su enfermedad ni por su sufrimiento. Como sabía que moriría antes de Navidad, para confortar a sus papás, les hizo una tarjeta que escondió entre otras tarjetas que su madre usaría. En ella escribió: "Sagrada Navidad 1990. Gracias por todo. Feliz Año Nuevo".

Llegó un punto en la enfermedad de Clara en el que se dio cuenta que probablemente nunca se mejoraría. Clara confiaba en que al morir terminaría su sufrimiento e iría al Cielo. Teniendo esto en mente, comenzó a planear lo que ella esperaba que fuera una celebración alegre: su funeral. Quería ser enterrada con un vestido de novia (blanco con un listón rosa alrededor de la cintura), porque en la muerte podía ser novia de Cristo. En las últimas horas de su corta vida, recibió los sacramentos de la Reconciliación y de la Comunión, y les pidió a quienes estaban con ella que la acompañaran a rezar: "Ven Espíritu Santo". Sus últimas palabras: "Adiós, Mamá. Sé feliz, porque yo lo soy", fueron su forma de consolar a su madre y de hacerle ver que ella esperaba con ansias el momento de conocer a Jesús y de compartir la eternidad con Él en el Cielo.

Clara Luz Badano murió a las 4:00 de la mañana del 7 de octubre de 1990, festividad de Nuestra Señora del Rosario. Llevaba puesto su vestido blanco, y amigos y familiares fueron a visitarla y a rezar el Rosario a la casa de sus padres. El 9 de noviembre, día de su funeral, el alcalde de Sassello ordenó que se cerraran todas las tiendas del pueblo, para que más de dos mil personas pudieran asistir al fu-

Clara Lubich (1920-2008): Originalmente llamada Sylvia Lubich, esta mujer que animó el Movimiento de los Focolares, tras su conversión a los veinte años de edad, adoptó el nombre de Clara (en honor a santa Clara de Asís) y pasó el resto de su vida trabajando por la unidad de todos los hombres.

neral. Mientras cantaban, sentían que Clara Luz, tal como lo había dicho, cantaba con ellos.

Durante la ceremonia de beatificación de Clara Badano, el 26 de septiembre de 2010, una fotografía de Clara fue develada. Lo que la hace especial es que esta foto bien pudo haber sido la foto de cualquier alumna graduada de preparatoria, como la que podemos encontrar en los anuarios. Con su cabello recogido en una coleta, una gran sonrisa y los ojos llenos de luz, a pesar de las grandes adversidades que enfrentó, bien pudo haber sido la mejor amiga de alguien, una compañera o la novia de cualquier joven.

ORACIÓN "VEN, ESPÍRITU SANTO"

La oración que Clara Luz rezó con sus familiares
y amigos durante sus últimos momentos en la tierra.

Ven, Espíritu Santo,
y desde el cielo envía un rayo de tu luz.
Ven padre de los pobres,
ven dador de las gracias,
ven luz de los corazones.
Consolador óptimo,
dulce huésped del alma,
dulce refrigerio.
Descanso en el trabajo,
en el ardor tranquilidad,
consuelo en el llanto.
Oh luz santísima:
llena lo más íntimo de los corazones de tus fieles.
Sin tu ayuda nada hay en el hombre,
nada que sea inocente.

Lava lo que está manchado,
riega lo que es árido,
cura lo que está enfermo.
Doblega lo que es rígido,
calienta lo que es frío,
dirige lo que está extraviado.
Concede a tus fieles que en Ti confían,
tus siete sagrados dones.
Dales el mérito de la virtud,
dales el puerto de la salvación,
dales el eterno gozo.
Amén, Aleluya.

PARA MEMORIZAR

JUAN 15:8

"En esto es glorificado mi Padre, en que den mucho fruto, y así prueben que son mis discípulos".

¿Pasas tiempo con otras personas que están cosechando "frutos abundantes" y por consiguiente, dan gloria a Dios? De ser así, ¿cómo son estas personas? Si tus amigos no son así, ¿cómo afecta ello a tu fe?

Retos de santidad

- Desde muy joven, Clara se preocupaba y rezaba por las misiones en África, especialmente por las de Benín, país al este de África. Durante su Misa de beatificación hubo varios representantes de esa región.

  Para conmemorar la pasión de Clara, el 29 de octubre, día de su festividad (o cualquier otro día), dona el dinero que gastarías durante una semana en tu almuerzo, golosinas o cualquier otra cosa que no sea esencial para ayudar a alguna obra de caridad.

- Clara murió el 7 de octubre, festividad de Nuestra Señora del Rosario, en la que conmemoramos la victoria cristiana en la Batalla de Lepanto. Ese día reza un rosario por los jóvenes que, al igual que Clara, sufren a causa del cáncer en los huesos.

  Misterios gozosos –lunes y sábado
  Misterios dolorosos- martes y viernes
  Misterios gloriosos- miércoles y domingo
  Misterios de luz- jueves

- Teniendo a Dios como centro de sus vidas, la relación familiar de los Badano era muy fuerte. Demuestra el gran amor que tienes por tu familia preparando una "delicia verde" para la cena y con eso darle la noche libre a quien normalmente cocina (ver receta en la página 128).

ESCRIBE TUS REFLEXIONES

ESCRIBE TUS REFLEXIONES

SAN ESTANISLAO DE KOSTKA

UN EJEMPLO DE FORTALEZA

También a ustedes quiero señalarles el ejemplo de fortaleza de un joven de 18 años, san Estanislao de Kostka, patrono de la juventud; a pesar de ser de complexión frágil y de naturaleza sensible, para seguir la vocación al estado religioso afronta la oposición del ambiente, escapa de la persecución de los suyos y realiza el viaje de Viena a Roma a pie y de incógnito, para poder entrar en el noviciado de los jesuitas y corresponder así a la llamada del Señor.

JUAN PABLO II, 15 DE NOVIEMBRE DE 1978. MENSAJE DIRIGIDO A LOS JÓVENES PRESENTES EN LA BASÍLICA DE SAN PEDRO.

FESTIVIDAD: 13 DE NOVIEMBRE

PATRONO DE: LOS ESTUDIANTES, DE POLONIA Y DE QUIENES PADECEN ENFERMEDADES QUE PONEN LA VIDA EN RIESGO.

Estanislao de Kostka fue el segundo de siete hijos, y nació en septiembre de 1550, en la propiedad que su familia tenía en Masovia, Polonia. Nació en una familia católica acomodada: su padre era senador y su madre ayudaba a las autoridades polacas, incluyendo al canciller. Cuando lo bautizaron en la iglesia de san Adalberto en Prasnitz, su padrino lo cargó hasta el sagrario, donde lo consagró a Cristo. Con una estatura promedio, cabello obscuro, cara redonda y la piel blanca y arrugada, Estanislao era un niño que parecía mucho mayor de lo que era.

Desde muy chico sus padres lo educaron junto con sus hermanos en la fe católica, asegurándose de que aprendiera todas las enseñanzas de la Iglesia y buscando que desarrollara todas sus virtudes. Era un reto lograr que los niños fueran generosos, ya que provenían de una familia noble.

Sin embargo, el hermano mayor de Estanislao, Paul, tiempo después comentó que sus padres tuvieron éxito en la forma en que los educaron, enseñándoles a ser piadosos y virtuosos a tal grado que ni los sirvientes se quejaban de su conducta. "Como resultado no sólo respetábamos a nuestros padres, respetábamos a todos y éramos queridos por todos". La vivencia de la fe y de las virtudes que Estanislao aprendió desde pequeño, lo acompañaría durante toda su vida.

¿Cómo era la disciplina en tu familia cuando eras niño? ¿Educarías a tus hijos de la misma forma? ¿Por qué?

Estanislao practicó las virtudes que sus padres le enseñaron. Cuando había invitados y la conversación implicaba temas vulgares, Estanislao bajaba la mirada y no participaba en la plática. Con el tiempo, se volvió todo un experto en cambiar las conversaciones profanas de sus compañeros en pláticas más apropiadas para cristianos. Sin embargo, esto lo afectaba mucho cuando era más chico. Al presenciar esas conversaciones, se tambaleaba y caía al suelo.

Esto ocurrió frecuentemente en su vida, pero por fortuna, su padre, quien conocía esta situación, procuraba evitar las conversaciones vulgares.

¿Cómo enfrentas las situaciones en que otras personas están hablando de temas que no deberían? ¿Reaccionas de la forma correcta? ¿Cómo reaccionas?

Paul y Estanislao fueron educados en casa por su profesor, Juan Bilinski, hasta 1564, fecha en que los hermanos, Juan y tres sirvientes, fueron a Viena para estudiar en una nueva Universidad administrada por la Compañía de Jesús. Los otros estudiantes reconocieron la santidad de Estanislao, quien a sus catorce años, disfrutaba del silencio, rezaba, veneraba a la Virgen María y, si le era posible, asistía a tres Misas en un día; no cabe duda de que, en gran parte por su ejemplo, uno de sus compañeros llegó a ser cardenal y otro obispo. Varios testigos dicen haber visto a Estanislao levitar mientras ayudaba en Misa o mientras rezaba con gran júbilo.

Levitar: medio por el cual una persona o cosa, en este caso un santo, es elevado en el aire por el poder milagroso de Dios.

Compañía de Jesús: fundada por san Ignacio de Loyola, en el siglo XVI, esta orden se dedicaba a fundar instituciones educativas a lo largo de Europa para enseñar la doctrina católica. Su lema "Ad Maiorem Dei Gloriam," o "Para Mayor Gloria de Dios", plasma la esencia de esta congregación por trabajar para la gloria de Dios, con pequeños y grandes esfuerzos. Actualmente los Jesuitas son la orden religiosa que tiene más sacerdotes y hermanos en el mundo.

¿Qué ejemplo de vida cristiana les das tú a tus amigos y compañeros?

En marzo de 1565, poco después de haber ingresado a la escuela jesuita, cerraron el edificio y los estudiantes se vieron en la necesidad de dejar de estudiar o de buscar otro lugar donde vivir. Paul Kostka y Juan Bilinski decidieron que se mudarían a una casa y vivirían con otros dos muchachos polacos. Esto causaría un fuerte impacto en la vida de Estanislao.

La función principal de Juan Bilinski como tutor de los hijos de una de las familias más ricas de Polonia, era la de educar a Estanislao y a su hermano Paul para que conocieran y cumplieran con lo que se esperaba de un miembro de la nobleza. Pero Estanislao no disfrutaba al hacer ciertas cosas de la nobleza como vestirse de forma extravagante, bailar y tampoco le gustaba tener sirvientes. Desafortunadamente, Juan no lo ayudaba en esto, ya que para ponerlo a la altura que se esperaba de alguien como él, le exigía mucho. Además de ser el encargado de educarlo para la vida de la nobleza, Juan disfrutaba mucho de las fiestas y de los placeres de la vida de un noble y no asistía a Misa, ni vivía como un católico practicante. Estanislao era y tenía todo lo que Paul deseaba y, por eso mismo, Paul lo odiaba.

Jesuita: término comúnmente utilizado para referirse a un miembro de la Compañía de Jesús o a alguna organización establecida por dicha sociedad.

Frecuentemente, cuando Estanislao se desvelaba rezando por la noche, sus compañeros de cuarto se molestaban porque había velas encendidas. Fingían como que no lo veían y lo pisaban y pateaban al pasar junto a él, pero Estanislao no hacía nada al respecto. Estas injusticias sólo fortalecían su vida espiritual. En una ocasión, se quedó dormido mientras rezaba y la vela se consumió por completo, prendiendo fuego alrededor de su cama. Cuando sus compañeros despertaron, pensaron que seguramente se habría quemado, pero sorprendentemente no le había pasado nada.

Como era muy piadoso, su hermano y su tutor se burlaban de

él y lo insultaban apodándolo "el jesuita", y desde el momento en que se mudaron a la residencia, Paul se volvió violento. Por casi dos años y medio, maltrató a Estanislao pegándole con palos, pateándolo y empujándolo, y en las ocasiones en las que Juan Bilinski intervenía, nunca regañaba a Paul, sino que decía que Estanislao se lo había buscado.

¿Cómo te comportas cuando otros te ofenden? ¿Qué puedes aprender sobre la forma en que Estanislao se comportaba cuando Paul lo molestaba? ¿Crees que te ayudaría ser como Estanislao? ¿Por qué?

Como respuesta a las ofensas de Paul y los demás, Estanislao ponía la otra mejilla. Trataba de hacer todo lo que Paul le pedía, como barrer y limpiar sus zapatos. También accedió a no llevar sirvientes ni a la iglesia, ni a visitar a los jesuitas. Sin embargo, esto no era suficiente para Paul y Juan. Mandaron que fuera seguido por algún sirviente en todo momento, ya que temían que huyera y se uniera a la Compañía de Jesús. Los sirvientes normalmente encontraban a Estanislao en la iglesia, recostado sobre el piso, con los brazos extendidos en forma de cruz. Algunas veces lo vieron levitar y Estanislao, tratando de no llamar la atención, les decía que no se sorprendieran.

A los dieciséis años, el tranquilo joven desarrolló una rutina que lo ayudó a sostenerse en sus momentos difíciles. Iba diario a Misa, normalmente tres veces al día (antes y después de su primera clase y luego al salir de la escuela). Se confesaba cada domingo y también en los días festivos. Además visitaba a Jesús Sacramentado y pasaba toda la noche haciendo adoración frente al sagrario.

La vida tan dura que vivió Estanislao mientras estuvo en la Universidad de los Jesuitas, comenzó a tener sus consecuencias.

Para diciembre de 1566, Estanislao enfermó a consecuencia, tanto de su disciplina espiritual tan rigurosa, como de los abusos de su hermano Paul. Durante este periodo sufrió física y espiritualmente. El demonio se le apareció tres veces en forma de un gran perro negro. Poco podía hacer Estanislao frente a estos ataques. Como vivía en casa de un luterano que era un anti católico declarado, no permitía ni sacerdotes, ni comuniones dentro de su casa. Sin embargo, como Estanislao comentó tiempo después, Dios se ocupó de él enviándole la comunión por medio de santa Bárbara y de dos ángeles.

También tuvo visiones que le mostraron su propia vocación: en señal que debía entrar a la Compañía de Jesús, la Virgen María se le aparecía llevando al niño Jesús en sus brazos y lo recostaba en su cama. Al terminar esta visión, Estanislao fue a la iglesia para dar gracias a Dios. Pidió ingresar a la orden jesuita. No lo había hecho antes porque, a pesar de haber sentido el llamado tiempo atrás, tenía miedo de que su padre no se lo permitiera. Su enfermedad cambió todo eso. Le habló de su llamado a un jesuita de su escuela y le dijo que estaba apenado por no haber acudido antes a pedir que lo aceptaran en la orden. Posteriormente buscó al responsable de los jesuitas en Viena, el padre Lorenzo Maggi, para pedirle que le permitiera ingresar a la orden. Para tristeza de Estanislao, al no contar con el consentimiento de sus padres, los jesuitas no lo aceptaron, pues temían las repercusiones que pudiera ocasionar aceptarlo contra la voluntad de su padre.

San Pedro Canisio: (1521-1597) Doctor de la Iglesia. Nació poco después de que Martín Lutero escribiera sus 95 tesis. Este santo Alemán se incorporó a la Compañía de Jesús a los veinte años y es conocido por sus labores para ayudar a reevangelizar y catequizar la Alemania dividida tras la Reforma.

Estanislao decidió emprender un viaje para ir a varias universidades jesuitas, pidiendo en cada una que aceptaran su ingreso a la orden y no regresaría a Polonia hasta lograr su meta.

En agosto de 1567, a los diecisiete años, Estanislao se reunió con el padre Francisco Antonio para hablar sobre su situación. El padre Antonio entendió que Estanislao no trataba de ser rebelde y le dijo que le pidiera su apoyo al padre Pedro Canisio en Augsburg, Alemania y que, si eso no funcionaba, fuera a Roma para platicar con el padre Francisco de Borja, que era el superior general.

Mientras tanto, los problemas de Estanislao con su hermano continuaban, pero él sabía que no tendría que soportarlo por mucho tiempo más. La siguiente ocasión en que Paul lo agredió, Estanislao hizo algo fuera de lo común: le dijo que si seguía comportándose así, él se marcharía. A Paul no le importó y le dijo que en realidad no quería volverlo a ver. Este fue justo el tipo de "bendición" que Estanislao estaba esperando. A la mañana siguiente, se vistió con ropa cómoda para un viaje, escuchó Misa en el templo de los jesuitas, le pidió la bendición al padre Antonio y recogió las cartas de recomendación que le había escrito. Le pidió a un sirviente que le dijera a su hermano y a su tutor que no podría cenar con ellos porque alguien lo había invitado. Y comenzó su camino.

Esa noche Paul y Juan, pensando que Estanislao había huido con los jesuitas, fueron a buscarlo. Los jesuitas supusieron que se habría dirigido a Roma, así es que Paul y Juan tomaron un carruaje para ir en su busca, pero tras recorrer diez millas sin éxito, regresaron a casa. Estanislao comentó tiempo después que sí lo vieron en el camino, pero que no lo reconocieron. Paul y Juan regresaron a Viena, pensando que Estanislao había seguido otro camino. A la mañana siguiente, volvieron a buscarlo y comprendieron que efectivamente lo habían pasado el día anterior y que debían regresar para encontrarlo. Milagrosamente, los caballos se rehusaron a seguir el camino que los llevaría a Estanislao y sólo avanzaron en la dirección opuesta. En ese punto, Paul y Juan decidieron no luchar más contra la voluntad de Dios. Paul comenzó a arrepentirse de lo mal que había tratado a su hermano.

Cuando Paul le escribió a su padre, Juan Kostka, contándole todo acerca de la fuga, éste se enfureció contra Estanislao y contra la Compañía de Jesús. Escribió cartas amenazadoras tanto para Estanislao como para el Obispo. Cuando recibió la carta de su padre, Estanislao leyó que al vestirse como plebeyo, había avergonzado a la familia y que Juan iría por él a Roma y lo llevaría de regreso a Polonia, donde sería confinado como prisionero. Estanislao no le respondió la carta reclamándole, sino preguntándole por qué le molestaba tanto que se uniera a los jesuitas. También le hizo saber que no estaba dispuesto a dejar la Compañía.

Mientras recorría las cuatrocientas cincuenta millas para ir de Viena a Augsburgo, el noble Estanislao de Kostka rezaba el Rosario. Cada día caminaba cerca de treinta millas y, como no llevaba dinero, se detenía en algunas capillas para pedir que le dieran de comer. Cuando llegó a Augsburgo, fue a la Universidad de los Jesuitas para buscar al padre Pedro Canisio, pero por desgracia el Padre se encontraba en Dillingen, Alemania. En vez de detenerse un poco para descansar, Estanislao continuó; en compañía de un jesuita, caminó todo el día para llegar hasta donde estaba el padre Canisio. El Padre ya estaba listo para aceptarlo en la Orden, pero a Estanislao le preocupaba estar tan cerca de Polonia, así que el padre Pedro arregló que Estanislao regresara a Roma en compañía de otros dos jesuitas. Sólo era cuestión de tiempo que Estanislao se convirtiera en jesuita.

San Francisco de Borja: (1510-1572) nacido en una familia noble, Francisco fue duque, esposo y padre de ocho hijos antes de cumplir cuarenta años de edad. Sin embargo, al morir su esposa, decidió ingresar a la Compañía de Jesús. No sólo se convirtió en Jesuita, sino que llegó a ser superior general.

Mientras tanto, el padre Pedro le asignó a Estanislao tareas comunes para un novicio jesuita, como ayudar a los estudiantes de la escuela. El 18 de septiembre de 1567, el padre Pedro escribió al padre Francisco de Borja, cabeza de la Orden, para informarle que Estanislao pronto emprendería su camino a Roma. Describió a Estanislao como "un joven polaco noble, quien está ansioso por acoger nuestro modo de vida, a pesar de que sus familiares se oponen".

Construida originalmente en el siglo cuarto, la Basílica de Santa María la Mayor, es una de las cuatro basílicas más importantes de Roma (Las otras son: San Pedro, San Juan de Letrán y San Pablo Extramuros). Según la historia, la Virgen María en una de sus apariciones, dijo que debían construir una iglesia en el preciso lugar donde cayera una nevada en el mes de agosto. A esto se le conoce como el Milagro de la Nieve, y se le recuerda cada 5 de agosto, dejando caer pétalos de rosas blancas al terminar la Misa.

Viviendo como novicio jesuita cerca de diez meses, Estanislao tuvo un horario muy estructurado (ver página 69).

Estanislao pasó los últimos meses de su vida obedeciendo las reglas de la vida jesuita. Cuando en las conversaciones surgía el tema de su nobleza, inmediatamente y con humildad cambiaba la conversación, procurando siempre pensar muy bien antes de hablar. Rezaba con gran fervor y frecuentemente, en medio de sus oraciones se desmayaba y comenzaba a convulsionarse, a grado tal que se necesitaba poner un lienzo húmedo sobre su pecho para aliviar la fiebre que le provocaba su gran amor a Dios.

Los jesuitas estaban preocupados por la delicada salud de Estanislao. Durante ese verano Estanislao comenzó a desmayarse con mayor frecuencia. Para agosto, Estanislao les dijo a los otros novicios que moriría a finales de ese mes. A pesar de que por un tiempo su salud pareció mejorar, el 5 de agosto, cuando iba de camino a la Basílica de Santa María la Mayor, le comentó a un compañero que pensaba que iba a estar en el Cielo el 15 de agosto, para celebrar la festividad de la Asunción de María. Le pidió a nuestra Madre Celestial que le permitiera estar con ella en el Cielo para celebrar la festividad de la Asunción y también le pidió a san Lorenzo, el patrono que había elegido para el mes de agosto, que intercediera por él ante María. Unas horas más tarde, Estanislao se sintió mal mientras lavaba los platos y se fue a recostar. El domingo 14 de agosto comentó con un hermano jesuita que moriría la noche siguiente. Para el mediodía se encontraba ya bastante grave.

Rutina diaria de Estanislao como novicio jesuita

- Levantarse
- Rezar durante media hora
- Vestirse
- Hacer su cama
- Rezar durante una hora
- Media hora para reflexionar sobre su vida de oración
- Ir a Misa
- Media hora para tomar clases o para hacer las tareas
- Media hora para estudiar o para hacer las tareas de la clase anterior
- Examen de conciencia
- Tareas domésticas
- Trabajo de memorización: reglamento de la Sociedad de Jesús, y el catecismo.
- Hacer Ejercicio
- Almorzar
- Hacer las tareas, estudio auto dirigido.
- Dos horas para estudio en grupos, memorizar el catecismo o estudiar Homilética.
- Media hora de ejercicio
- Media hora de oración
- Cenar
- Una hora para esparcimiento
- Examen de conciencia
- Ir a la cama

Fue entonces cuando todos se dieron de cuenta de que estaba gravemente enfermo. Se confesó, comulgó, recibió la unción de los enfermos, y se confesó nuevamente sosteniendo un crucifijo. Había pedido que lo dejaran morir acostado sobre el suelo, como símbolo de total humildad, pero esta petición no se le concedió. Durante sus últimos momentos continuó rezando y en las primeras horas de la festividad de la Asunción les dijo a sus compañeros que estaba teniendo una visión en que María venía por él para llevarlo al Cielo. Murió entre las 3:00 y las 4:00 de la mañana, con una sonrisa en su rostro.

Pero la historia no termina aquí, ya que probablemente uno de los mayores milagros originados por el testimonio de vida de san Estanislao, fue el gran impacto que su vida causaría en su hermano. Paul Kostka, sin saber de la muerte de su hermano, había viajado a Roma para llevárselo de regreso a Polonia. Lloró amargamente sobre la tumba de su hermano y volvió a casa a llevar la noticia a sus familiares. Su vida cambió desde ese momento. Comenzó a vivir y a vestir con sencillez, a hacer penitencia, a rezar y a vivir con devoción. En ocasiones se recostaba en el piso de la iglesia, formando una cruz con sus brazos, como lo había hecho su hermano y cada vez que escuchaba el nombre de Estanislao, lloraba. Con el paso del tiempo donó una de sus propiedades a los jesuitas de Polonia y construyó un hospital donde ayudaba a los necesitados. A los cincuenta y ocho años, Paul Kostka, el hermano que tanto maltrató al primer jesuita beatificado, pidió ingresar a la Compañía de Jesús. Fue aceptado, pero mientras cerraba algunos de sus asuntos, enfermó y murió. Paul aún estaba con vida en 1605, cuando su hermano fue beatificado. San Estanislao fue canonizado el 31 de diciembre de 1726.

ORACIÓN: SALMO 57: 8-12

Este es el salmo que san Estanislao rezó
en los últimos momentos de su vida:
Oh Dios, mi corazón está dispuesto, mi corazón está atento,
quiero cantar y tocar para ti.
Despiértate, corazón mío, despiértense arpas y cítaras,
que quiero a la aurora despertar.
Te alabaré, Señor, entre los pueblos,
te cantaré en todas las provincias,
pues tu amor está a la altura de los cielos
y tu verdad se eleva hasta las nubes.
Muéstrate, oh Dios, por encima de los cielos,
y que brille tu gloria en toda la tierra.
Amén.

PARA MEMORIZAR

SALMO 57:8

"Oh Dios, mi corazón está dispuesto,
mi corazón está atento, quiero cantar y tocar para ti".

¿Tu corazón está listo y preparado para encontrarse con el Señor? ¿Cantas y alabas al Señor? ¿Honras a Dios y te vuelves a Él en tus momentos difíciles?

Retos de santidad

- Siendo un novicio jesuita en Roma, Estanislao tenía una rutina diseñada para mantenerlo en forma física, mental y espiritual. Dedica algo de tu tiempo a diseñar tu rutina diaria básica, incluyendo cosas que te nutran en esos tres aspectos. Trata de seguir tu rutina un día. Haz los ajustes que consideres necesarios y procura mantenerladurante toda la semana. Escribe un diario narrando cómo te va con este nuevo hábito.

  Después de diseñar y seguir tu rutina, ¿sientes que estás aprovechando más tu tiempo? ¿A qué problemas te enfrentaste para cumplir con tus horarios? ¿Tienes la suficiente disciplina como para seguir con tu rutina durante otra semana?

- La humildad con que san Estanislao enfrentó los maltratos de su hermano es verdaderamente digna de admirarse. La próxima vez que tengas un problema familiar, imita a san Estanislao y has un acto de caridad como lavar los platos o tender la cama de alguna persona que a veces te moleste. Mejor aún, cuando hagas este acto de caridad, ¡no se lo digas a nadie!

- Una de las formas en que Estanislao aprovechó su tiempo, fue leyendo libros religiosos antes de ir a dormir. Disfrutaba sobre todo libros que hablaran de la Virgen María. Aprovecha también tu tiempo leyendo un poco sobre María cada noche antes de dormir.

- San Estanislao y su maestro, Juan Bilinski, no se llevaban bien. Esta semana reza por alguna autoridad con la que lleves una relación difícil. Pídele a Dios que suavice esa relación que te cuesta trabajo y que los ayude a comprenderse mutuamente.

ESCRIBE TUS REFLEXIONES

ESCRIBE TUS REFLEXIONES

SANTA ALFONSA DE LA INMACULADA CONCEPCIÓN

VIVIÓ CONFORME A CRISTO

"Esta mujer excepcional, que hoy se ofrece al pueblo de la India como su primera santa canonizada, estaba convencida de que su cruz era el verdadero medio para llegar al banquete que el Padre había preparado para ella".

BENEDICTO XVI, HOMILIA DE CANONIZACIÓN DE SANTA ALFONSA, DOMINGO, 12 DE OCTUBRE DE 2008.

FESTIVIDAD: 28 de julio

PATRONA DE: Los enfermos

Santa Alfonsa nació el 19 de Agosto de 1910, en las afueras de un pueblo llamado Kottayam, en la India. Fue la cuarta hija de José Muttathupadathu y María Puthukari.

La forma en la que Alfonsa llegó al mundo fue demasiado agitada para alguien que llevaría una vida tan tranquila. Cuando su madre, María, tenía aún ocho meses de embarazo esperando a Alfonsa, dado que hacía mucho calor, decidió dormir una siesta sobre un tapete en el patio de su casa, en compañía de su hermana Annamma. Cuando se despertó, descubrió que ¡una serpiente tropical se había enrollado en su cuello! Tomó la serpiente y la arrojó lejos. Debido a la fuerte emoción que experimentó, entró inmediatamente en trabajo de parto y dio a luz prematuramente a su hija. Algunas semanas después, María murió trágicamente.

La fe de los padres cristianos de Alfonsa encuentra sus orígenes en la predicación del apóstol Tomás en Malabar, India. Ellos eran miembros de la Iglesia Católica de Siria, Malabar, India, la cual defiende su tradición de Iglesia Católica, pero celebra la liturgia de acuerdo con sus propias costumbres y lengua. Para conservar la fuerte tradición cristiana que había en su familia, Alfonsa fue bautizada a la semana de haber nacido con el nombre de Anna Muttathupadathu, aunque la gente la llamaba Annakutty", que es un apodo como "Anita". El bautizo fue en la aldea de Kudamalur, en la iglesia de Santa María de la India.

Tras la muerte de la madre, la familia de Annakutty vivió en la casa de sus abuelos. Ahí su abuela le enseñó mas cosas sobre la Virgen María y los santos, especialmente sobre santa Teresa de Ávila y santa Teresa de Lisieux, y su padre fue su ejemplo en la fe. A los cinco años de edad, Alfonsa dirigía las oraciones familiares de la noche. El 27 de noviembre de 1917, al recibir su primera comunión, dijo:

> —¿Saben por qué estoy tan feliz hoy? Porque tengo a Jesús en mi corazón.

De niña, Annakutty enfrentó retos y experiencias que también son comunes en nuestros días. De pequeña, padeció una enfermedad muy seria. Los ataques provocados por esta enfermedad tardaron poco en presentarse. Entre los tres y los cuatro años tuvo tal grado de eccema, una enfermedad de la piel, que se llegó a pensar que sería terminal. Pero esto no le impidió vivir plenamente.

Estudió en una escuela pública, donde hizo amistad con una niña hindú llamada Lakshmikutty. Aunque provenían de entornos diferentes, las inseparables amigas eran conocidas porque para disfrutar de su mutua compañía, ignoraban las reglas que se oponían a que personas de diferentes clases sociales comieran juntas.

El último deseo de su madre, estando en su lecho de muerte, fue que su tía Annamma la educara, para que pudiera aprender a ser una buena esposa. Así que, cuando tenía alrededor de diez años, Annakutty fue confiada al cuidado de su tía. No cabía duda alguna de que su tía la quería, pero, debido a su determinación por educarla para que se casara con un hombre rico y guapo, era una maestra demasiado estricta. Annakutty fue transferida por su tía de la escuela pública a otra escuela, y adaptarse a su nueva escuela le fue difícil, especialmente por las reglas de su tía: tenía prohibido hablar con quien fuera. Mientras que su tía vestía a Annakutty con las ropas más modernas y las joyas más caras para que pudiera atraer a un esposo, sus compañeros de clase la ridiculizaban. Desafiando los intentos de su tía en adornarla, se quitaba las joyas de camino a la escuela.

Contrario a los planes de matrimonio de su tía, Annakutty tenía sus propios planes. La piadosa niña rezaba frecuentemente al pie del altar de los carmelitas, y llegando a conocer y desarrollar una relación cercana con la orden, sintió el llamado a la vocación religiosa. Incluso a los doce años declaró que: "Jesús es mi único esposo y nadie más". La niña estaba decidida.

Ignorando su llamado a la vida religiosa y con Annakutty siendo tan sólo una adolescente, su tía arregló un matrimonio para su sobrina de trece años; Annakutty rogó a su tío que no la obligara a hacerlo. Estaba tan alterada que incluso se desmayó. Desafortunadamente, su tía siguió con sus

Compromiso: Acuerdo formal para contraer matrimonio.

San Francisco de Asís: (1181/1182-1226) Nacido en una familia acaudalada, de joven Francisco tuvo una poderosa conversión que lo llevó a tener una vida de santa pobreza y a vivir como mendigo, pidiendo todo lo que necesitaba. Llamado por Dios para reparar la Iglesia, fundó la Orden Franciscana. También recibió los estigmas. Hoy en día existen un gran número de órdenes franciscanas.

Santa Clara de Asís: (1195-1253) Mientras era aún adolescente, Clara escuchó la predicación de san Francisco de Asís y huyó de su familia que no aprobaba que se uniera a esa forma de vida. Es la fundadora de las Hermanas Clarisas. Más tarde su propia madre, su tía y su hermana se unieron a su forma de vida. Ella fue la primera mujer en escribir una regla monástica.

propios planes y fijó la fecha para el compromiso de Annakutty. Finalmente vivieron una escena terrible cuando ella seguía rehusándose a casarse y Annakutty tomó medidas desesperadas. "¿Qué tengo que hacer para evitar esto? Recé toda la noche...y pensé en algo. Si mi cuerpo estuviera un poco desfigurado, ¡nadie me querría!... ¡Oh, cómo sufrí! Ofrecí todo por mi gran intención (de convertirme religiosa)".

Annakutty tomó medidas drásticas. Como estaba en los días previos a la cosecha, se dirigió al horno donde quemaban la paja y la vaina de los granos de arroz. Decidió quemar un poco sus pies para probarle a su familia y a su prometido que se negaba a casarse porque sentía el llamado de Dios a la vida religiosa. Fue una decisión difícil en momentos extremos, pero pensaba que era la única forma en que podía defender su vocación.

Desafortunadamente su idea sólo empeoró las cosas. En lugar de quemar un poco las plantas de sus pies, Annakutty resbaló por accidente y calló dentro del horno. Terminó con quemaduras graves en sus dos piernas y los dedos

Inefable: demasiado grande para ser descrito con palabras de sus pies quedaron tan quemados, que se pegaron unos a otros. Los doctores tuvieron que separar a la fuerza cada dedo para poderle dar tratamiento y vendarlos por separado. Durante el tiempo de su recuperación, su tía dejó a un lado los planes de matrimonio que tenía para Annakutty. A pesar de que sus quemaduras tardaron todo un año en sanar, Annakutty se curó por completo, a grado tal que el Vaticano reconoció que había sido un milagro.

Piensa en alguna situación difícil o peligrosa que hayas vivido. ¿Cómo la manejaste? ¿Te sientes orgulloso de la forma en que se resolvieron las cosas? ¿Por qué?

Fue en este periodo cuando decidió unirse a la Orden de las Hermanas Franciscanas Clarisas, para seguir los pasos de san Francisco y santa Clara de Asís, otra santa quien tuvo un sorprendente llamado por parte de Dios para consagrarse siendo todavía muy joven. A los diecisiete años, el día de la festividad de san Alfonso María de Liguori, se convirtió en postulante; el 2 de agosto de 1928 tomó el nombre de Alfonsa de la Inmaculada Concepción.

Orden de las Hermanas Franciscanas Clarisas: la Orden de las Hermanas Franciscanas Clarisas fue fundada a finales del siglo diecinueve en India para continuar con la misión de san Francisco de Asís. Esta comunidad religiosa se basa en "espíritu de oración, vida de trabajo duro, cuidado de los desvalidos y servicio a los pobres, educándolos y enseñándoles religión". Actualmente se pueden encontrar comunidades Clarisas Franciscanas esparcidas por todo el mundo, rezando y trabajando de acuerdo con su lema: "a la santidad por medio de la pobreza".

Pero las presiones de su tía por casarla no terminaron ahí. Durante su año como postulante logró que la encargada de la formación de las Clarisas, una monja a cargo de enseñarles a las niñas a orar y a discernir sobre su ingreso definitivo en la orden, estuviera de acuerdo con ella en que su sobrina sí podía casarse. Pero el matrimonio no estaba en su futuro. A los diecinueve años, siguiendo las costumbres de la orden, donó un vestido de novia e hizo sus votos ante la comunidad; posteriormente, el 19 de mayo de 1930, le cortaron el cabello y le dieron el hábito color café de los franciscanos. "Entré al convento para convertirme en una santa", decía, "y habiendo superado tantos obstáculos, ¿para qué debo vivir si no es para llegar a ser santa?".

Su nueva vida en el convento pronto reveló el gran sufrimiento físico y espiritual que experimentaría por el resto de su corta vida. Unos meses después de haber recibido el hábito, sufrió una terrible hemorragia y tuvo que ser hospitalizada. Mientras sufría un gran dolor físico, sufría espiritualmente también porque las otras hermanas la acusaban de fingir su enfermedad para llamar la atención.

Así como santa Alfonsa fue acusada de fingir sus enfermedades para llamar la atención, ¿te han hecho falsas acusaciones? ¿Qué hiciste para demostrar tu inocencia? ¿Cómo se resolvió esta situación?

Su salud se deterioró y la joven postulante murió el 7 de julio de 1946. A diferencia de las grandes cantidades de personas que hoy visitan su capilla, muy pocas personas, entre ellas otras Clarisas Franciscanas y unos niños de la escuela, asistieron a su funeral. Los niños de la escuela con quienes Alfonsa siempre fue muy buena, fueron los primeros en venerar su tumba. Sin embargo, el proceso de canonización de Alfonsa inició hasta el 2 de diciembre de 1953, sólo siete años después de su muerte. Cristianos, hindús y musulmanes han sido sanados a través de su intercesión.

Su cuerpo fue exhumado el 13 de abril de 1957 y fue declarada venerable el 9 de noviembre de 1984. Diez mil personas, incluyendo algunos de sus familiares, acudieron desde la India a honrar a la primera santa de su nación. Fue canonizada el 18 de octubre de 2008 por el Papa Benedicto XVI, en la plaza de San Pedro, en Roma.

¿Qué cosas en tu vida te impiden arder en amor por Dios?

El apóstol Tomás y la Iglesia Católica Siro-Malabar

Seguramente, cuando oyes la palabra "católico" tu mente piensa en la Iglesia Católica Romana y en el rito de la Misa en Latín. La mayoría de los católicos en el mundo son considerados como católicos romanos, a pesar de que hay muchas iglesias en el occidente. La palabra "católico" quiere decir "universal", como estas iglesias diferentes nos lo dejan ver. A pesar de que celebran la liturgia de forma diferente, los católicos pertenecientes a estas comunidades celebran los sacramentos y se encuentran en comunión con el Papa y con las enseñanzas de la Iglesia. Estas iglesias tienen una herencia rica de fe y aprender de ellas nos puede ayudar a fortalecer nuestras propias prácticas católicas.

Los padres de Alfonsa eran siro-cristianos, miembros de la Iglesia Católica Siro-Malabar. Tras la muerte de Jesús en la cruz, su resurrección y ascención al Cielo, los apóstoles fueron iluminados y encendidos en el amomr por el Espíritu Santo para ir a predicar el Evangelio, la Buena Nueva. Los apóstoles viajaron por diferentes lugares convirtiendo tanto a judíos como a gentiles. Uno de estos apóstoles fue Tomás, a quien conocemos por haber dudado cuando, según el Evangelio de Juan, dijo que no creería que Cristo había resucitado hasta no ver y tocar las heridas de las llagas y meter sus dedos en su costado. Cuando finalmente vio a Jesús y éste le dijo: "Pon aquí tu dedo y mira mis manos; extiende tu mano y métela en mi costado. Deja de dudar y cree", sabemos que la fe de Tomás fue mucho más lejos al decir: "Señor mío, y Dios mío".

Sabemos esto por los testimonios que han pasado de forma oral y los historiadores nos han enseñado el resto de la historia. ¡Tomás viajó alrededor del mundo para compartir estas buenas noticias!

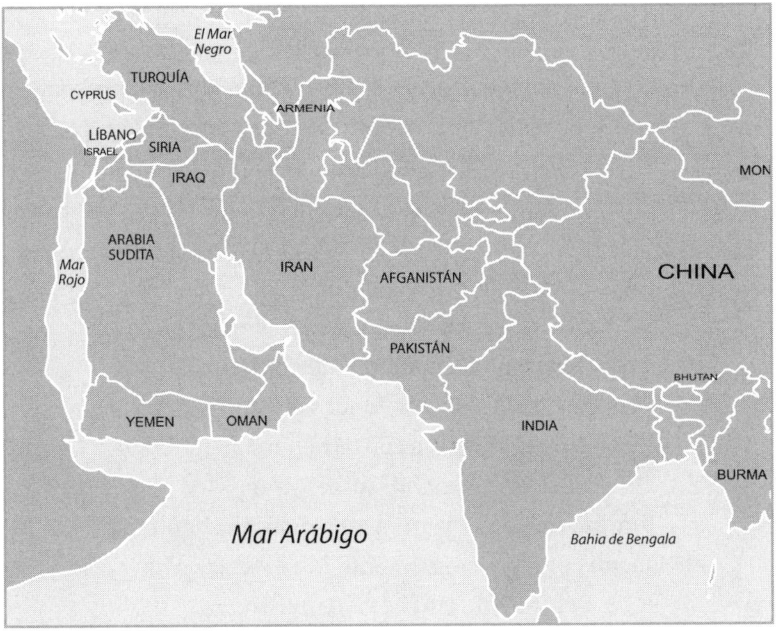

El apóstol Tomás, quien nunca más dudó, viajó a predicar el Evangelio a la India, predicó en la isla de Socotra, viajó de Socotra a Malabar, y de Malabar a Mylapore. Fue martirizado y enterrado en Mylapore. Sabemos por los registros de Edesa, que es conocida hoy como Turquía, que los restos de Tomás fueron llevados ahí tiempo después.

Ya que los cristianos de la India, o cristianos de santo Tomás, basan sus prácticas en la tradición oral, no hay ningún documento escrito que hable sobre las comunidades cristianas de los tiempos de santo Tomás hasta la llegada de los portugueses en el siglo XV, en la época de la exploración europea. Se encontraban aislados geográficamente del resto del mundo. Los padres de Alfonsa, son descendientes de esos primeros cristianos que fueron evangelizados directamente por el mismo santo Tomás y forman parte de la Iglesia Católica.

ORACION DE SANTA ALFONSA

Oh Jesús mío, escóndeme en la herida de tu Sagrado Corazón.
Libérame de mi deseo de ser querida y apreciada.
Evita que busque el honor y la fama.
Hazme humilde, hasta que me convierta en una pequeña chispa
de la flama de amor en tu Sagrado Corazón.
Concédeme la gracia de olvidarme
de mí misma y de las cosas materiales.
Jesús mío, con tu inefable dulzura,
haz que las comodidades del mundo
no sean sino amargura para mí.
Oh Jesús mío, Sol de Amor,
ilumina mi mente y mi razón con tu luz bendita,
purifica mi corazón, consúmeme con el fuego de tu amor,
y fúndeme en Ti. Por tu luz divina,
clarifica mis pensamientos, ilumina mi mente, limpia mi corazón,
consúmeme con el fuego de tu amor
y úneme para siempre a Ti. Amén.

PARA MEMORIZAR

JUAN 20:28

Tomás exclamó: «Tú eres mi Señor y mi Dios».

¿Cómo vivió santa Alfonsa las palabras de Tomás: "Tú eres mi Señor y mi Dios" Menciona algunos ejemplos. Luego piensa cómo vives estas palabras tú mismo.

Retos de santidad

- Investiga si cerca de donde vives hay alguna iglesia católica que siga algún rito oriental, como la Iglesia Siro-malabar. Trata de asistir ahí a alguna liturgia o acude a visitar la iglesia para conocerla y aprender más acerca de esta comunidad.
- Pasa un tiempo ante el Santísimo, meditando sobre cómo quiere Dios que vivas la castidad en tu vida.
- Recuerda que vivimos en un mundo con muchos ruidos y que requiere práctica lograr el silencio.
- Dedica algo de tu tiempo para hacer Lectio Divina (Lectura Divina; ver página 130) La historia del desconfiado Tomás puede ser un buen inicio o también puedes leer cualquiera de tus pasajes favoritos del Evangelio.
- ¡No tienes que esperar a que llegue su festividad en el cálido mes de julio para celebrar a santa Alfonsa como la primera santa de la India! Prepara una bebida típica de la India, de donde es originario el Chai, y ¡bébela recordando la vida de santidad que vivió santa Alfonsa! Disfruta mientras preparas esta receta (viene en la página 129) del libro de comidas bíblicas de Rita Heikenfeld (abouteating.com). El clavo y algo de cárdamo son la compañía perfecta para la lectura.

ESCRIBE TUS REFLEXIONES

BEATO PEDRO CALUNGSOD

AGRADÓ A DIOS QUE LO AMÓ

"Jóvenes amigos, no duden en seguir el ejemplo de Pedro, que 'agradó a Dios y fue amado por él' (Sb 4, 10), y que, habiendo alcanzado la perfección en tan breve tiempo, vivió una vida plena (cf. Sb 4, 13)".

JUAN PABLO II, 5 DE MARZO DE 2000, HOMILÍA DE BEATIFICACIÓN

FESTIVIDAD: 2 de abril

PATRONO DE: la juventud, las islas Filipinas, la Isla de Guam y los acólitos.

Nuestra historia no comienza con el beato Pedro, sino con su mentor, el padre Diego Luis de San Vitores. Nació el 12 de noviembre de 1627, en Burgos, España, El padre Diego ingresó a la Compañía de Jesús, los jesuitas, en 1640. Fue en junio de 1662, a sus treinta y cuatro años, cuando su vida dio un giro inesperado. Habiendo zarpado de Acapulco, México, con rumbo a las Islas Filipinas, su barco se detuvo en la Isla de Guam para reabastecerse de provisiones y seguir adelante las mil quinientas millas que aún tenía por recorrer. En aquél entonces, Guam era conocida como una de las Islas de los Ladrones. El nombre le fue dado por Fernando de Magallanes, quien nació en Portugal. A pesar de su corta estancia en la isla, el padre Diego se conmovió profundamente.

Beato Diego Luis de San Vitores: Asesinato del padre San Vitores en 1672 por mano de Matapang y Hurao.

El 10 de julio de 1662, llegó a las Filipinas, un archipiélago formado por 7107 islas e islotes, para iniciar su labor como misionero. Situadas a 500 millas al sureste de Asia, las Islas Filipinas comprenden tres regiones principales: el norte es conocido como Luzón; la parte central, Visayas; y, al sur, Mindanao. A pesar de que debía explorar su nuevo entorno y que tenía mucho trabajo por hacer en las Filipinas, al padre Diego le entusiasmó mucho la idea de volver a la Isla de los Ladrones para iniciar una misión. Solicitó a los ministros reales de la ciudad de Manila que le fuera asignado un barco, pero ni había barcos disponibles, ni presupuesto para costear una misión, ni sacerdotes que pudieran ir. Ante tal negativa, el padre Diego decidió implementar una táctica diferente: acudió directamente al Rey Felipe IV de España para pedirle su ayuda. El rey Felipe accedió y le asignó un barco con nombre "San Diego" tanto en honor suyo, como en honor del gobernador general quien le entregó el barco.

Desafortunadamente, el padre Diego no estaba listo para zarpar todavía. Necesitaba dinero para pagar todo lo que necesitaría para el viaje, incluyendo a las personas que le ayudarían a realizar su mi-

Misionero: Jesús les encomendó a sus apóstoles que continuaran con su labor de evangelización diciéndoles: "Vayan, pues, y hagan que todos los pueblos sean mis discípulos. Bautícenlos en el nombre del Padre y del Hijo y del Espíritu Santo, y enséñenles a cumplir todo lo que yo les he encomendado a ustedes. Yo estoy con ustedes todos los días hasta el fin de la historia» (Mateo 28:19-20). A través de los siglos, los cristianos han sido llamados a evangelizar de muchas formas. La palabra "misionero" en este texto se refiere específicamente a la primera evangelización o a predicar la Buena Nueva a aquellas regiones en el mundo que no conocen la fe cristiana. La actividad misionera se volvió popular durante la época de las exploraciones, ya que muchos exploradores valientes ardían en deseos de compartir la fe cristiana con los que jamás habían escuchado sobre Cristo. Lee los números 849-856 del Catecismo de Iglesia Católica para aprender más acerca de lo que significa la actividad misionera para nosotros los católicos.

sión, como el sacerdote jesuita Tomás de Cardenoso y otros quince o veinte cristianos de Filipinas. Antes de poder zarpar rumbo a Ladrones, tendrían que dar media vuelta alrededor del mundo, y llegar a Acapulco, Nueva España (México) para solicitar el dinero necesario para su misión. El 7 de agosto de 1667, la nave San Diego zarpó hacia Acapulco, llevando al padre Diego Luis de San Vitores y al padre Tomás de Cardenoso, algunos intérpretes para la misión y algunos asistentes de doce a quince años de edad, quienes sin ser jesuitas, trabajaban con ellos.

Entre estos asistentes, estaba Pedro Calungsod. En los tiempos en que él nació ya había misiones agustinas, franciscanas, jesuitas y dominicanas en las Filipinas, pero probablemente fueron los jesuitas quienes tuvieron mayor influencia en la forma en que fue educado. La mejor prueba de que Pedro fue bautizado como católico, era que llevaba el nombre del primer Papa de la Iglesia Católica.

Su apellido quiere decir "paisano" y a aunque no es muy claro dónde y cuándo se conocieron él y el padre Diego, debió haber sido lejos del lugar donde Pedro nació. No sabemos cómo era su aspecto, todo lo que sabemos es que era nativo de la región Visaya en las Filipinas y que los habitantes de esa zona tienen reputación de ser excelentes nadadores. Probablemente Pedro era alto, fornido, de piel bronceada, cabello y ojos obscuros, y considerando que era un muchacho joven, probablemente usaba el cabello largo. Tal vez vestía con camisa y bermudas. Los que lo conocieron dicen que tenía una personalidad muy valiente y animada.

Imagina que igual que Pedro Calungsod eres llamado a servir en un país lejano. ¿A dónde te gustaría ir? ¿Por qué?

Dentro del barco llevaban una imagen de Nuestra Señora del Buen Viaje y les tomó cinco meses navegar de las Filipinas hasta Acapulco, Nueva España, mejor conocida hoy como México, para pedir dinero al gobernador de ese lugar. Durante los días que pasaron en alta mar, asistieron diario a Misa y en algunas ocasiones, los alcanzaron fuertes tormentas. Finalmente llegaron a Acapulco el 6 de enero de 1668. El padre Diego viajó hasta la ciudad de México para conseguir el dinero que le hacía falta para su misión en Ladrones, ya que en ese tiempo los oficiales en México gobernaban las Filipinas. Se le negó el apoyo un sinnúmero de veces, hasta que un terremoto sacudió la Cuidad y de alguna forma alguien encontró dinero que fue destinado a la misión. Además algunas personas donaron artículos como ropa y muebles.

Nuestra Señora del Buen Viaje.

El 23 de marzo de 1668 zarparon de Acapulco hacia Ladrones a bordo del San Diego, llevando con ellos a otros cuatro sacerdotes jesuitas. El tiempo que pasaron en el barco, lo aprovecharon para aprender el idioma que se hablaba en la isla Chamorro y el de Ladrones, y a su vez el padre Diego se dedicó a escribir una versión del catecismo en el idioma nativo de la isla. El viernes 15 de junio de 1668, divisaron tierra a lo lejos. Era Guam, la más grande isla al sur de los Ladrones.

En ese tiempo, en la Isla de Guam habitaban doce mil isleños, en tanto que en toda la región de los Ladrones, había cerca de treinta mil. Los habitantes de Chamorro vestían con muy poca ropa y los hombres afeitaban todo el cabello de sus cabezas, dejando tan solo el equivalente a una coleta de caballo en la parte superior.

Los nativos del lugar acercaron sus botes hasta el San Diego y se impresionaron cuando la tripulación, en vez de tratar de intercambiar mercancías con ellos, los invitaron a subir a bordo. Sorprendidos, permanecieron en sus propios botes hasta que la tripulación del San Diego comenzó a recitar las letanías de la Virgen María y el padre Diego comenzó a predicar hablándoles en su idioma nativo de Chamorro. Uno de los que subió al barco era un hombre llamado Pedro, quien iba a bordo de un barco que naufragó en esa isla en 1638. Abordó junto con su hija de dos años, Mariana, para que la bautizaran. Pedro, al haber sido aceptado en la isla desde el naufragio, sería un intermediario muy valioso entre los misioneros y los habitantes de los Ladrones.

Los jesuitas fueron con los jefes de una aldea que se encontraba en una zona llamada Agana, para hablar sobre la misión que querían erigir. Al día siguiente comenzaron a trasladar los artículos que habían traído y empezaron la Misión Mariana. Y así, el martes 19 de junio de 1668, el barco San Diego dejó la Isla de Guam con sus nuevos misioneros y sus asistentes, para ir rumbo a las Filipinas.

El padre Diego tuvo una influencia positiva en los así llamados "Ladrones" por el mundo europeo. Después no volverían a ser conocidos negativamente por su mala reputación, tras supuestos robos

San Ignacio de Loyola: (1491-1556) Nacido en una familia noble en España, Ignacio se convirtió en sacerdote y teólogo; aunque es más conocido por ser el fundador de la Compañía de Jesús o Jesuitas. Trabajó diligentemente para apoyar al Papa y a la Iglesia Católica en el periodo conocido como Contra-reforma. Sin embargo su influencia llega aún más lejos. Ignacio era un místico, y tal vez estés familiarizado con sus rigurosos "ejercicios espirituales", un conjunto de oraciones y meditaciones que hacen énfasis en descubrir la presencia de Jesús en la vida de cada persona y seguirlo. Hoy en día podemos encontrar Jesuitas en muchos campos, pero probablemente donde están más presentes es en la educación.

cometidos en 1500. El padre Diego propuso el nombre de "Las islas Marianas", como nombre para las islas en honor a la Virgen María y a la reina de Francia, quien con su apoyo hizo que el viaje fuera posible. También dio nombres de santos a cada isla en particular, por ejemplo, la Isla de Guam fue llamada San Juan el Bautista. A pesar de que muchas islas no conservaron sus nombres de santos, las Islas Marianas aún siguen siendo conocidas con ese nombre.

Como las personas parecían darles la bienvenida, los misioneros del padre Diego construyeron en Agana Guam una iglesia y una casa de misiones para que pudieran rezar y dedicar su tiempo a asuntos religiosos. Le dieron a esta misión el nombre de San Ignacio, en honor a San Ignacio de Loyola. Antes de bautizar a los habitantes de Chamorro, el padre Diego los instruyó en la fe, utilizando el catecismo que había escrito a bordo del barco. Los misioneros y sus asistentes hicieron reuniones en las que cantaban el Acto de Contrición, daban premios a los estudiantes que iban conociendo la fe, y cantaban y bailaban, creando un ambiente alegre. Como consecuencia, los habitantes de Chamorro fueron olvidándose de sus ídolos.

El padre Diego insistía en que los jóvenes y hombres que participaban en la misión, debían vivir una vida católica para no parecer hipócritas ante las personas a quienes les predicaban. Pedro Calungsod, quien era conocido por ser un "catequista virtuoso", también llegó a ser conocido como un "buen hijo" del padre Pedro. Entre sus labores estaban: bautizar en casos de emergencia, ser el asistente personal del padre Diego, especialmente porque el padre tenía muy mala vista y necesitaba que alguien caminara frente a él con una cuerda atada a su cinturón para guiarlo.

Había peligros en la isla aguardando a los misioneros. Los caminos por los que viajaban no eran precisamente planos y viajar de isla en isla podía ser peligroso. Además exponían sus vidas al trabajar por la paz entre las belicosas tribus de los Chamorros. En medio de tantos peligros había uno mucho más grande.

En Guam vivía Choco, un chino que en su camino de las Filipinas hacia Indonesia había llegado a las Islas Marianas y era considerado como un hombre religioso que hacía hechicería. Veía a los jesuitas como un peligro para su estilo de vida y comenzó a esparcir calumnias sobre ellos y a decir que su agua bautismal era venenosa. Hubo muchos que continuaron con su catequesis, pero hubo otros que decidieron no bautizarse y otros que ya habían sido bautizados, renunciaron a su fe.

Tiempo después, el mismo Choco desmintió sus calumnias y comenzó a asistir al catecismo para ser bautizado. Sin embargo, al momento de ser bautizado, dos de los asistentes del padre Diego fueron poseídos por demonios. Uno de ellos corrió hacia una montaña y el otro intentó apuñalar al padre Diego, y al no poder hacerlo, comenzó a apuñalar en el brazo a uno de sus compañeros. El padre Diego les explicó que el demonio había hecho todo eso para asustarlos. Poco tiempo después, Choco renunció a su bautismo y retomó sus prácticas de hechicería.

Algunos asistentes del padre Diego también renunciaron a su fe y se fueron a vivir en comunidad con los habitantes de Chamorros que habían sido bautizados, pero que habían dejado de practicar las enseñanzas cristianas. El padre Diego les escribió acerca del gran amor y misericordia de Cristo, ofreciéndoles el perdón y muchos regresaron a la misión. Por testimonios escritos sabemos que el beato Pedro se aferró a su fe hasta el momento de su muerte y esto no debió haber sido fácil, considerando que muchos de sus compañeros tenían dificultades para mantenerse fieles a la misión.

¿Qué te ha ayudado a mantenerte en la fe a pesar de que muchas personas cercanas a ti tienen dudas o incluso renuncian a sus creencias?

Además de Choco, había otras personas que se oponían al trabajo que los misioneros hacían en la isla. Los Macajnas, que eran los guías espirituales en Chamorro, al trabajar con magia, tenían gran control sobre los las vidas de los isleños. Ellos, al igual que Hurao, un jefe de aldea en Agana, veían a los misioneros como una amenaza que les podía quitar el control que tenían sobre la gente. Los Urriatos, jóvenes que vivían sin guardar la castidad, con mujeres que no eran sus esposas, estaban también en contra de los misioneros, ya que éstos se oponían a esas conductas.

Los Macajnas alentaron a estos grupos contra los misioneros. Del 11 de septiembre al 21 de octubre de 1671, Hurao y un grupo de alrededor de dos mil hombres emprendieron la guerra contra los misioneros. Afortunadamente para los misioneros, el padre Diego había previsto estos problemas y tenía preparadas algunas defensas. Los Chamorros usaban lanzas con las puntas encendidas para intentar prender fuego a los campamentos de la misión; pero los misioneros rezaron a Dios para que lloviera. Cuando comenzó a llover, los Chamorros quedaron impresionados, sin embargo continuaron su ofensiva hasta que obligaron a los misioneros a salir del campamento para defenderse.

Cuando terminó la guerra, el padre Diego, sabiendo que la misión no estaba terminada del todo, continuó trabajando con mayor vigor y entusiasmo. A inicios de 1672, comenzó los preparativos para construir cuatro nuevas iglesias en la Isla de Guam y él mismo decidió quedarse con la que sería la más difícil: la de Nisihan. Junto con un grupo de asistentes, entre los que estaba Pedro Calungsod, el padre Diego dedicó su tiempo a construir la iglesia y a catequizar a los habitantes de la zona, quienes eran conocidos por su rechazo al Evangelio.

Era un trabajo peligroso. El martes 31 de marzo de 1672, un joven mexicano, quien era un asistente misionero, al igual que Pedro, fue asesinado mientras llevaba un mensaje de Agana, donde se encontraba la misión principal que era San Ignacio, a Nisihan, lugar donde se encontraba el padre Diego. También intentaron iniciar un incendio en San Ignacio. Tras estos incidentes, el padre Diego les pidió a todos sus asistentes, con excepción de Pedro, que regresaran a San Ignacio por su propia seguridad. Él y Pedro emprendieron el camino de regreso a San Ignacio de una forma especial: buscando cristianos descarriados y continuaron con su labor de catequizar y bautizar a lo largo del camino.

Cuando les faltaban tan solo siete millas para llegar a la misión de San Ignacio, se enteraron que Matapang, quien había sido bautizado después de que el padre Diego cuidó de él tras haber sido herido por una lanza, había tenido una hija. El padre Diego y Pedro se desviaron hacia casa de Matapang para ofrecer el sacramento del bautismo a su recién nacida. Probablemente influenciado por los que estaban en contra de los misioneros, Matapang les respondió enojado:

—¡No quiero que bauticen a mi hija porque el bautismo no sirve para nada!

Les gritó también:

—¡Largo, mentirosos, o los mataré!

El padre Diego le respondió con su calma habitual que él tan sólo quería bautizar a la bebé y que después lo podía matar si así lo deseaba. Ante la negativa de Matapang, el padre Diego caminó hasta el pueblo y continuó catequizando a las personas. Matapang se enfureció.

Catequizar: catequizar es "descubrir en la Persona de Cristo el designio eterno de Dios. Se trata de procurar comprender el significado de los gestos y de las palabras de Cristo, los signos realizados por Él mismo". CIC426

—¡Estoy harto de sus doctrinas! ¡No quiero saber más de Dios porque Él es malvado y lo odio!

Matapang intentó reunir a una pandilla para asesinar al padre Diego y le pidió a Hurao, quien había dirigido ataques anteriores contra los misioneros, que lo ayudara. Hurao en un inicio no estaba convencido de que ese fuera un buen plan, recordándole a Matapang que si estaba vivo era gracias a que el padre Pedro lo había salvado. Sin embargo, Hurao finalmente accedió cuando Matapang le dijo que era un cobarde y le prometió que le ayudaría a matar a los misioneros.

Mientras tanto, el padre Diego y Pedro Calungsod, bautizaron a la bebé. Matapang dejó caer su furia primeramente contra Pedro, a quien recompensó por su entrega en la labor de misionero golpeándolo con una lanza. Sin embargo, no fue fácil para Matapang golpear a Pedro. Al parecer, según comentaron algunos testigos que presenciaron su martirio, Pedro era muy ágil y rápido y logró evadir los golpes de las lanzas en un inicio. A los asistentes misioneros como Pedro, no se les permitía llevar ningún tipo de armas, sin embargo, Pedro se defendió con gran valentía. Ni huyó, ni trató de conseguir ningún arma: se limitó a evadir los ataques.

Finalmente, una lanza atravesó su pecho. El padre Diego sostuvo un crucifijo frente a Pedro y le dio los últimos sacramentos justo antes de que una espada cortara su cabeza brutalmente por la mitad.

Sosteniendo el crucifijo con que minutos antes le había dado la bendición a Pedro, el padre Diego comenzó a predicar el Evangelio a sus agresores. Pocas horas después, a las ocho de la mañana, el padre Diego corrió la misma suerte de Pedro: lo hirieron con una lanza en el pecho y cortaron su cabeza en dos partes con una catana. Matapang destruyó el crucifijo del padre golpeándolo con una piedra. Después, los hombres de Matapang desvistieron los cuerpos de Pedro y del padre Diego, ataron rocas a sus pies y los metieron en una balsa para echarlos al mar. Repentinamente, el mar fue sacudido por relámpagos y un fuerte viento.

Las historias sobre el valor de Pedro han sido registradas en el arte de esas islas, y han pasado de generación en generación. Y a pesar de que ha transcurrido mucho tiempo, han llegado hasta nosotros para que la Iglesia nunca olvide el sacrificio del sacerdote y de su joven acompañante. Cuando en 1980 se estaban haciendo los preparativos para la beatificación de Pedro, surgió un interés renovado por la valiente historia de su fiel asistente. Pedro fue beatificado el 5 de marzo de 2000, más de trescientos años después de su martirio.

ORACIÓN PARA PEDIR LA INTERCESIÓN DEL BEATO PEDRO CALUNGSOD

Estudiante, catequista, joven migrante,
misionero, amigo fiel, mártir,
tú nos inspiras
con tu fidelidad en tiempos adversos;
tu valor para enseñar la fe
en medio de tanta hostilidad;
y por el amor que mostraste al derramar tu sangre
predicando el Evangelio.
Toma nuestros problemas como tuyos
e intercede por nosotros
ante el trono de la gracia y misericordia
para que,
al experimentar la ayuda celestial,
seamos alentados a vivir
y a proclamar el Evangelio aquí en la tierra
Amén.

PARA MEMORIZAR

MATEO 10:32

*"Al que se ponga de mi parte ante los hombres,
yo me pondré de su parte ante mi Padre de los Cielos."*

¿Qué hiciste por Cristo hoy? ¿Y durante esta semana? Si no hiciste nada, ¿qué fue lo que pasó? ¿Por qué?

Retos de santidad

- Una de las responsabilidades de Pedro como asistente del padre Diego era ayudarlo con sus labores más difíciles, dado que el Padre no podía ver bien. Busca una asociación civil en tu área que se dedique a ayudar invidentes e investiga la forma en que les podrías ayudar.
- Pedro sirvió como catequista a las personas que vivían en sus misiones. Investiga qué oportunidades existen para que puedas involucrarte en la catequesis de tu parroquia o de tu escuela. Tal vez necesiten un asistente en las clases de moral. Tal vez tengas oportunidad de tomar un curso sobre la Biblia o iniciar un grupo religioso en tu escuela. Tenemos un sinfín de oportunidades para "enseñar a Cristo".
- Reza las letanías de la Virgen María, la oración que cantaron el padre Diego y sus misioneros la primera vez que saludaron a los habitantes de la Isla de Guam.
- Las letanías de la Virgen María, también conocidas como letanías lauretanas, se rezaron por primera vez en Italia. Es la única letanía Mariana aprobada por la Iglesia Latina. Las letanías son un clásico de la espiritualidad católica, es una lista de las muchas formas en que podemos referirnos a la Virgen María. Investiga el significado de las letanías que desconozcas.

ESCRIBE TUS REFLEXIONES

ESCRIBE TUS REFLEXIONES

SANTA MARÍA GORETTI

UNA JOVEN VALIENTE

“Nuestra santa era una joven valiente. Ella sabía, ella comprendía; por eso prefirió morir”.

PIO XII, 27 DE ABRIL DE 1947
BEATIFICACIÓN DE SANTA MARÍA GORETTI

FESTIVIDAD:
6 de julio

SANTA PATRONA DE:
los jóvenes y de las víctimas de violación

Hija de Luigi y Asunta, María Goretti nació el 16 de octubre de 1890. Siendo una niña, su familia dejó la ciudad natal, un pueblo llamado Corinaldo, en busca de un clima más templado y tierras fértiles. Vendieron su casa y tierras, y se llevaron las pocas pertenencias y dinero que tenían. Emprendieron el viaje con sus amigos más cercanos, la familia Cimarelli. Después de varias semanas de viaje llegaron a Roma, donde su carruaje se averió. Deambularon por la ciudad un par de días. Allí oyeron hablar del Conde Mazzoleni, que arrendaba sus tierras en la cercana ciudad de Nettuno.

Pantanosa y húmeda, conocida por sus brotes de malaria, no era exactamente la tierra de leche y miel que habían soñado, pero al menos, habiendo dos propiedades desocupadas, cada familia podía tener su propia casa. Viendo esa ventaja, se mudaron allí. Al día siguiente de su llegada fueron contratados por el Conde como aparceros. La granja había estado abandonada durante tres años y el padre de María, Luigi, trabajó duro para compensar ese tiempo perdido plantando trigo y cebada, pero tanto esfuerzo lo agotó. Debido a ese agotamiento, Luigi sufrió algo de fiebre, pero no dejó de trabajar hasta que la tos lo tuvo convaleciente por una semana. En poco tiempo, estuvo listo para seguir trabajando, intentando restaurar la granja destruida; intentaba hacer todo el trabajo él mismo.

Valiente: que muestra valor o heroísmo

Sabía que si empleaba a otra persona, tendría que repartir sus ganancias con alguien más. Sin embargo, en la época de cosechar, se retrasó.

En varias ocasiones estuvo exhausto debido a su frágil salud y al arduo trabajo; tanto que se recostaba sobre la tierra, mareado y sin poder respirar. En consecuencia, el Conde Mazzoleni estaba disgustado por el retraso de la cosecha y el poco rendimiento de Luigi. Para ayudarlo, contrató a dos personas, padre e hijo, a Giovanni y a Alejandro Serenelli.

Convalecencia: periodo de recuperación después de una enfermedad.

> **Aparceros:** En Italia era común que los campesinos buscaran arrendar tierras de un gran terrateniente para cultivarlas ellos mismos, pagando como renta una "parte" de la cosecha . Si la familia de María no hubiera cosechado lo suficiente para vivir, le hubiera quedado a deber una parte al Conde Mazzoleni y hubieran tenido que enfrentar muchos problemas incluyendo el de perder sus tierras.

Ambos eran nuevos en la región. Giovanni era un viudo cuya esposa había muerto en una institución mental y Alejandro era su hijo más joven. Provenían de una región cercana de la ciudad natal de Goretti, Corinaldo, por esa razón hablaban el mismo dialecto italiano y tenían las mismas costumbres. Giovanni y Alejandro pusieron mucho de su parte en las labores de la granja. Al principio, Alejandro era muy agradable, incluso jugaba con los niños Goretti. Pero era una persona que había sufrido mucho. A sus dieciocho años, Alejandro albergaba en su interior mucha amargura ya que, tras la muerte de su madre, varios parientes se habían turnado para cuidarlo. Luigi no tenía el dinero para pagar a los Serenelli, así que vivieron y trabajaron con los Goretti, dividiéndose las cosechas.

El invierno era una época de quietud en la granja, y mientras Giovanni bebía constantemente, Alejandro comenzaba a presentar

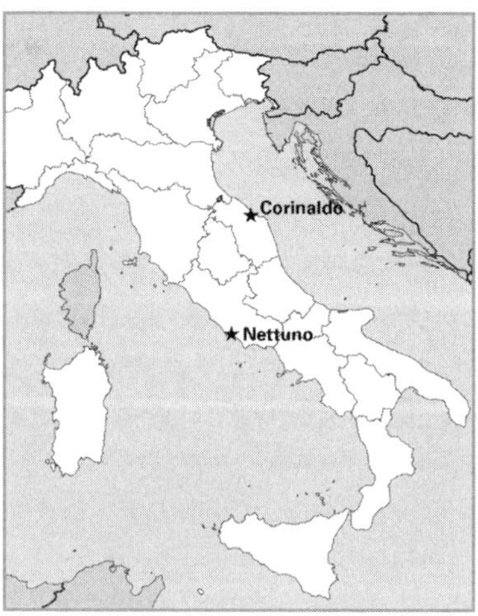

cada vez más un comportamiento solitario. Era conocido por ser reservado, pero había ocasiones en que parecía estar alterado en un nivel en quien nadie lo comprendía. No asistía a Misa ni a eventos sociales, sólo adquiría montones de revistas pornográficas y permanecía encerrado en su habitación todo el día recortando algunas de esas imágenes y colgándolas alrededor de su cama. Asunta sabía lo que hacía pero entendía que aquello no era de su incumbencia y se limitaba a no permitir que sus hijos se acercaran a su habitación. Para la familia Goretti las cosas no podían estar peor, Giovanni se robaba el grano y Luigi intentó intervenir para que las reparticiones fueran más justas, pero con esto su relación se puso más tensa.

A veces la vida en familia se vuelve tensa, ¿de qué forma puedes aliviar esa tensión y ayudar a tus padres en su misión?

Luigi nunca recuperó su salud totalmente. Sufrió de paludismo y a finales de abril tuvo que permanecer en cama. Con el paso del tiempo, empeoró, tenía dificultad para respirar y periódicamente perdía la conciencia. Finalmente le pidió a un sacerdote que le administrara el sacramento de la Unción de los Enfermos. En sus últimas palabras le pidió a su esposa que regresara a Corinaldo. Asunta, la joven viuda, quería volver a su ciudad natal pero no tenía dinero para hacerlo. Como sus hijos todavía eran muy jóvenes, tomó el lugar de Luigi en la granja y María el de Asunta en la casa realizando todos los quehaceres del hogar como cocinar, cocer, limpiar y atender las necesidades de sus cinco hermanos menores. Según su vecina, Theresa Cimarelli, María "era una chica seria. Iba y venía siempre ocupada" y "... siempre era modesta y reservada", probablemente debido a las responsabilidades derivadas de atender la casa.

El 20 de junio de 1901, María le preguntó a Asunta:

Unción de los enfermos: uno de los siete sacramentos, también se le conoce como el "sacramento de la extremaunción" o "los santos óleos". Es administrado por un sacerdote e implica oraciones y la unción con aceite sobre el enfermo. Este sacramento puede ser impartido a quienes están enfermos o en peligro de muerte ya que concede una gracia especial de sanación, consuelo y el perdón de los pecados, ayudándolos a prepararse para la muerte.

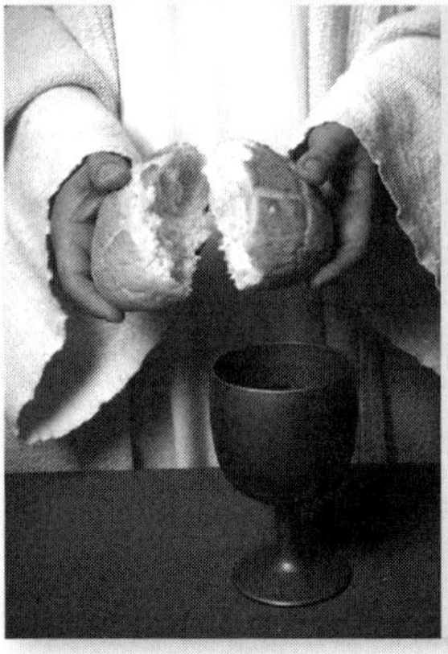

Festividad del Corpus Christi: también conocida como la Solemnidad del Cuerpo y la Sangre de Cristo, esta celebración en el año litúrgico se dedica específicamente a la Eucaristía. Comúnmente se celebra en una procesión eucarística después de la Misa, en la cual un sacerdote o un obispo lleva la custodia mostrando a Jesús Sacramentado; le siguen los fieles cantando y rezando. Normalmente se celebra en la época de Pascua, en el domingo siguiente al de la Santísima Trinidad.

—Madre, ¿cuándo haré mi primera comunión? Ya no puedo vivir sin Jesús.

Pero Asunta no quería que María hiciera su primera comunión aún. Era costumbre que los niños hicieran su primera comunión hasta los doce años. La familia de María no tenía dinero para el vestido de primera comunión y estaban igualmente cortos en tiempo y energía para su preparación. Además María no sabía ni leer ni escribir y así, ¿cómo aprendería todo lo que tenía que aprender? Finalmente un año después, durante la fiesta de Corpus Christi, María hizo su primera comunión. Varios vecinos contribuyeron de diferentes formas para completar su vestido y, junto a otros 14 niños que también hicieron su primera comunión, fue animada durante la homilía a rezar por las noches tres avemarías para venerar a la Madre de Jesús.

Asunta le recordó a María:

—Hoy has recibido a Jesús, debes de ser siempre buena y tratar de complacerlo.

Y ella lo complació. Cada noche María rezaba el Rosario por su padre, además de un avemaría cada vez que pasaba junto a su tumba. Era una joven virtuosa y pura; así que cuando un día escuchó a una compañera suya de su primera comunión contar un chiste vulgar en el pozo del pueblo, se quedó impresionada. Su fe constituyó una parte importante en su corta vida.

¿Recuerdas cuando hiciste tu primera comunión? ¿Cómo te sentiste? ¿Cómo te acercas ahora a la Eucaristía?

Pero Alejandro había desarrollado una obsesión por María. Un día Asunta estaba muy cansada de trabajar y María fue en su lugar. Estaba trabajando hombro a hombro con Alejandro cuando abruptamente éste dejó su azadón intentando tener relaciones sexuales con ella, agarrándola de los brazos. María se zafó con repugnancia y huyó, escondiéndose hasta el anochecer. Más tarde, María consiguió ocultarse en el granero, pero es difícil evitar a alguien cuando se vive en la misma casa. Días después, cuando estaba tendiendo las camas, Alejandro la agarró de los brazos, María forcejeó para zafarse y le clavó las uñas en la cara. Cuando le iba a contar todo a su madre, Alejandro la amenazó con el puño cerrado:

—Si le dices una palabra a tu madre te mato.

María se encerró en su cuarto por mucho tiempo, dejando de preparar la cena y por consiguiente recibió un regaño.

Sólo Alejandro conocía el miedo que le causaba a María el estar cerca de él. María obedecía sus órdenes por miedo a que maltratara a su familia o la matara a ella. Él seguía acosándola pero no tenía éxito.

Está bien si buscas ayuda cuando sientes que estás en peligro de algún daño físico. Hoy en día hay muchos recursos disponibles para adolescentes que no había en los tiempos de María. Si alguna vez te sientes amenazado o amenazada, habla con un adulto en quien confíes, como alguno de tus padres o un maestro, o un tutor de la escuela.

La rabia consumía a Alejandro ya que María no le correspondía y temía que María ya le hubiera contado a su madre todo. Esto lo hacía volverse cada día más agresivo. Sin decirle la razón, María le pidió a su madre que pasara más tiempo en casa. El tiempo seguía pasando y un día, durante el almuerzo, Alejandro le pidió a María que remendara una camisa, que él mismo había rasgado, porque la necesitaba para ir a Misa al día siguiente. Ya que todos estaban en diferentes áreas de la granja, María se sentó afuera, en la parte alta de las escaleras de su casa, remendando la camisa para cuidar a su hermana menor al mismo tiempo.

A Alejandro se le ocurrió un plan para abusar de ella. Con el pretexto de tener que subir por las escaleras para recoger su pañuelo, al llegar a la parte de arriba, le dijo a María descaradamente:

—Ven aquí, ¿me escuchaste? Ven aquí inmediatamente.

Cuando se dio cuenta que la iba agarrar del brazo, ella se aferró con fuerza al barandal de las escaleras. Pero él era más fuerte y logró zafarla y meterla a la casa, poniéndole seguro a la puerta. María lloró y le suplicó que la dejara ir, pero él tenía un cuchillo listo para usarlo si ella se resistía. Se trató de proteger detrás de una mesa, pero él la quitó de en medio y derribó a María. Ella gritaba:

—¡No lo haré, Alejandro, no!

Eran las 2:00 p.m. y María le dijo que se iría al infierno si seguía con sus intenciones. Entonces la acuchilló brutalmente catorce veces. María intentó defenderse pero al final se desmayó.

Alejandro creyó que la había matado, escondió el cuchillo y se encerró en su cuarto. Sin embargo, María se las arregló para levantarse y, tropezando, llegó a la puerta. Pidió ayuda con su débil voz, antes de quedar inconsciente nuevamente. Giovanni la vio y le gritó a Asunta; cuando los vecinos y Asunta llegaron, ésta le preguntó a María quien la había apuñalado y por qué. María le respondió:

—Porque él quería cometer un pecado horrible y yo no.

Doménico Cimarelli fue en busca de un doctor y por el camino les contó a los vecinos lo que había pasado; éstos empezaron a llegar a la granja con diferentes armas para hacer justicia por su propia mano. Querían irrumpir en el cuarto de Alejandro, pero el Conde Mazzoleni los convenció para que esperaran a la policía, en vez de tomar justicia por ellos mismos. Alejandro no se resistió al arresto; permaneció inmóvil en su cama.

El doctor determinó que María necesitaba ser operada y pidió una ambulancia tirada por caballos. Ésta llegó a las 6:00 p.m., cuatro horas después de la agresión. El capellán visitó a María en la sala de operaciones y el doctor le murmuró:

— Ahí donde estaba un ángel, me temo que quedará sólo un cadaver.

La niña tenía los intestinos, los pulmones, el corazón, el pecho, los huesos y el abdomen lastimados y tenía una fuerte hemorragia interna. Tuvo que someterse a una cirugía de dos horas sin anestesia hasta que finalmente se desmayó, para después recuperar y perder la conciencia varias veces hasta que a las 10:00 p.m. cayó en coma.

El mensaje de santa María Goretti es muy claro a través del testimonio de su propia vida. Aunque muchos de nosotros no estamos en una situación de vida o muerte como ella, ¿cómo podemos seguir su ejemplo en busca de la pureza y la castidad, a pesar de los desafíos que la vida misma nos presenta?

A la mañana siguiente, María recibió la comunión y el capellán le habló sobre Jesús que perdonó a los que lo llevaron a la muerte. Ella serenamente le respondió

—Sí, por el amor a Jesús, yo también lo perdono y quiero que esté conmigo en el Cielo.

Al poco tiempo, la policía tomó su declaración sobre el ataque. María también le explicó a su madre por qué no le había dicho nada antes acerca del acoso de Alejandro:

—Dijo que me mataría si decía algo. Y de todos modos me mató.

María recibió la Unción de los enfermos y murió a las 3:00 p.m., el 6 de junio de 1902.

Imagínate a alguien que te ha hecho algún mal y a quien no has perdonado. ¿Qué puedes hacer para llegar a ese punto? ¿Qué paso puedes dar en concreto para perdonar?

El pueblo entero de Nettuno llevó el cuerpo de María al cementerio, pero su madre no se quedó en la granja por mucho tiempo, volvió a Corinaldo con el resto de la familia. El papá de Alejandro también dejó la granja. Alejandro fue trasladado de la cárcel de Nettuno a la cárcel de Roma. Él alegó que no tenía nada que ver con las acusaciones en su contra, hasta que finalmente admitió su culpabilidad. Aun así, intentó declararse demente hasta el momento en que se decidió que sería castigado con treinta años de trabajos forzados, debido a que era menor de edad. La sentencia no pareció afectarle.

Pero la historia no termina aquí. Alejandro continuó luchando contra la culpa que sentía y contra aquellos que intentaron liberarlo de ella, incluyendo a un sacerdote. Él culpaba a la Iglesia, en la cual María tenía tanta fe, por haberla "perdido": "si no hubiera sido por las enseñanzas de castidad que María aprendió siendo una niña –decía– ella no se hubiera resistido a mis insinuaciones.

Pronto cambiaría de opinión y reconocería su pecado a través de la intervención de María Goretti. Mientras estaba en prisión, Alejandro aseguró que María se le apareció.

> —¡La vi! ¡La vi! Vi a María Goretti vestida de un blanco resplandeciente, recogiendo hermosos lirios en un jardín y me los entregaba —dijo—. Cuando los tomaba de sus manos, se transformaron en pequeñas luces que brillaban como velas.

Inmediatamente después solicitó que le llevaran un sacerdote y el 10 de noviembre de 1910 se arrepintió públicamente.

Su conversión de corazón lo llevó a escribir la siguiente carta:

"Estoy profundamente arrepentido por lo que pasó. He privado de la vida a una niña inocente, quien lo único que pretendía era de proteger su pureza, derramando su sangre antes que dejarse llevar por mis deseos impuros. Públicamente me arrepiento del mal que he hecho y suplico el perdón de Dios Nuestro Señor y de su familia que sufre tanto dolor. Tengo la esperanza de que, al igual que muchos otros, yo también pueda obtener el perdón de Dios".

Después de que salió de la cárcel, Alejandro continuó dando testimonio de la inocencia de María y de la forma en que se resisitió a sus deseos impuros. El día de Nochebuena de 1937, ocurrió algo insólito: Alejandro pidió el perdón de Asunta y ésta se lo concedió.

—Si María te ha perdonado, Alejandro, ¿cómo podría yo no hacerlo?

Y fueron juntos a la Misa de Navidad.

Alejandro pasó el resto de su vida como un franciscano de la tercera orden, trabajando como jardinero en un monasterio.

Maria Goretti fue beatificada el 27 de abril de 1947 y canonizada el 24 de junio de 1950 por el Papa Pío XII, cuarenta y ocho años después de su muerte. La suya fue la primera canonización pública y Asunta fue la primera madre en ver a su hija ser declarada santa. Alejandro estuvo presente también en la audiencia, celebrando la fe de la niña a quien le había quitado la vida. Se construyó en su nombre una capilla de mármol blanco en la iglesia de san Francisco de su ciudad natal, subsidiada en parte por el Papa Pío XII y esculpida por Giovanni Scrivo. Se encuentra representada con su brazo levantado en señal de rechazo, con un gran parecido a las representaciones de rechazo de Santa Cecilia. Un hueso de su brazo se encuentra en una cripta en la capilla de la iglesia.

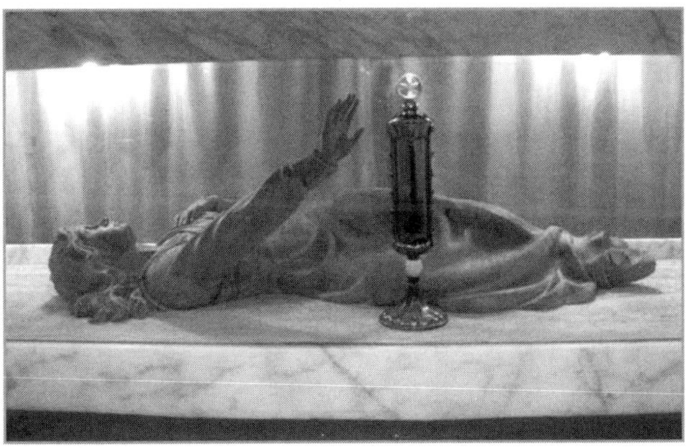

Capilla de Santa María Goretti.

ORACIÓN A SANTA MARÍA GORETTI

Oh, bella y amada santa María Goretti,
mártir en la tierra y ahora en el Cielo,
intercede por nosotros desde tu gloria.
En tu cara vemos la fuerza de tu amor
y de tu constante pureza.
A través de tu vida y muerte
llevas el nombre victorioso de nuestro Señor Jesucristo.
Oramos para que seamos protegidos de todo mal
de cuerpo y alma.
Déjanos vivir con la misma serenidad de espíritu, profunda alegría
y compromiso la pureza de la que fuiste testigo en tu corta vida.
Amén.

Adaptación de la homilía del Papa Pio XII en la canonización de santa María Goretti, 24 de junio de 1950.

PARA MEMORIZAR

MATEO 5:27-28

Ustedes han oído que se dijo: «No cometerás adulterio». Pero yo les digo: Quien mira a una mujer con malos deseos, ya cometió adulterio con ella en su corazón.

¿Crees que la lujuria es más común en el presente que cuando vivía Jesucristo? ¿Por qué sí o por qué no?

¿Qué barreras puedes construir en tu vida espiritual para protegerte de la impureza y la lujuria?

Retos de santidad

- Antes de navegar en internet, reza una pequeña oración pidiéndole a Dios que te ayude a hacer buen uso de ese medio, especialmente que te ayude a no ver imágenes impuras. Puedes pedir su intercesión a santa María Goretti o de santo Domingo Savio.
- La próxima vez que escuches a un compañero contar un chiste inapropiado, hazle saber que eso está mal, diciéndoselo directamente o alejándote de él. Lo más probable es que sólo estaba contando ese chiste para llamar la atención y, al darse cuenta de que no lo logró contigo, lo pensará dos veces antes de volverlo a hacer.
- Santa María Goretti extrañó mucho a su padre cuando murió y acostumbraba rezar un avemaría cada vez que pasaba cerca del cementerio donde había sido enterrado. La próxima vez que pases por un cementerio, reza un avemaría por una de las personas que están enterradas ahí, ya sea que lo hayas conocido o no.

ESCRIBE TUS REFLEXIONES

MATERIAL ADICIONAL

MUERTE

Durante el tiempo que Domingo pasó en el oratorio, dos de sus mejores amigos murieron a causa de enfermedades. Esto le causó pena y sufrimiento, pero también le recordó que la vida humana es muy frágil. Domingo siempre estuvo preparado para una santa muerte, ya sea por sus confesiones y asistencia a Misa diaria o porque nunca dejó de hacer buenas acciones en cuanto se le presentaban las oportunidades.

Una vez al mes, Domingo se confesaba y comulgaba como si fuera la última vez que lo fuera a hacer. Este ejercicio se conocía como "Ejercicio para una buena muerte".

Lee los párrafos del Catecismo de la Iglesia Católica que encontrarás a continuación y que tratan sobre nuestra manera de ver la muerte. ¿Cómo se reflejaban en la vida de santo Domingo estas enseñanzas?

1007 La muerte es el final de la vida terrena. Nuestras vidas están medidas por el tiempo, en el curso del cual cambiamos, envejecemos y como en todos los seres vivos de la tierra, al final aparece la muerte como terminación normal de la vida. Este aspecto de la muerte da urgencia a nuestras vidas: el recuerdo de nuestra mortalidad sirve también para hacernos pensar que no contamos más que con un tiempo limitado para llevar a término nuestra vida: "Acuérdate de tu Creador en tus días mozos [...] mientras no vuelva el polvo a la tierra, a lo que era, y el espíritu vuelva a Dios que es quien lo dio" (Qo 12:1. 7).

¿De qué forma vivió Domingo para poder recordar siempre su mortalidad? Si fueras a morir mañana, ¿habrías vivido una vida plena? ¿Estarías listo para ser juzgado por Dios? ¿Por qué?

1009 La muerte fue transformada por Cristo. Jesús, el Hijo de Dios, sufrió también la muerte, propia de la condición humana. Pero, a pesar de su angustia frente a ella (cf. Mc 14:33-34; Hb 5:7-8), la asumió en un acto de sometimiento total y libre a la voluntad del Padre.

Escribe los nombres de tus familiares, amigos y conocidos que hayan muerto. Pide por el descanso eterno de sus almas antes de irte hoy a dormir.

POBREZA DE CORAZÓN

Nacida dentro de una familia privilegiada, Juanita (santa Teresa) para seguir su llamado a la vida religiosa, escogió el camino económicamente pobre del monasterio carmelita, que difería mucho del entorno en el que ella había crecido. ¿Por qué razones alguien seguiría un llamado tan radical?

2544 Jesús exhorta a sus discípulos a preferirle a Él respecto a todo y a todos y les propone "renunciar a todos sus bienes" (Lc 14:33) por Él y por el Evangelio (cf Mc 8:35). Poco antes de su pasión les mostró como ejemplo la pobre viuda de Jerusalén que, de su indigencia, dio todo lo que tenía para vivir (cf Lc 21:4). El precepto del desprendimiento de las riquezas es obligatorio para entrar en el Reino de los cielos.

¿Cómo mostró desprendimiento de sus riquezas santa Teresa en su propia vida? ¿Cómo puedes renunciar a cosas materiales por el Evangelio?

2547 El Señor se lamenta de los ricos porque encuentran su consuelo en la abundancia de bienes (cf Lc 6, 24). "El orgulloso busca el poder terreno, mientras el pobre en espíritu busca el Reino de los cielos" (San Agustín, De sermone Domini in monte, 1, 1, 3). El abandono en la providencia del Padre del cielo libera de la inquietud por el mañana (cf Mt 6, 25-34).

¿De qué tipos de "riquezas" te debes desprender más para poder entrar en el Reino de los cielos? ¿Cuán difícil te resultaría todo eso?

MARTIRIO

Kizito apenas había sido bautizado en la fe cristiana cuando el kabaka ordenó que lo torturaran y mataran. Él sabía que por medio del bautismo, no sólo entraba a la vida en Cristo, sino que también compartía su pasión.

2473 El martirio es el supremo testimonio de la verdad de la fe; designa un testimonio que llega hasta la muerte. El mártir da testimonio de Cristo, muerto y resucitado, al cual está unido por la caridad. Da testimonio de la verdad de la fe y de la doctrina cristiana. Soporta la muerte mediante un acto de fortaleza. "Dejadme ser pasto de las fieras. Por ellas me será dado llegar a Dios" (San Ignacio de Antioquía, Carta a los romanos, 4, 1).

San Kizito sabía que al ser bautizado, le esperaría una muerte segura, sin embargo, aceptó el reto heroicamente. ¿Tendrías el valor de luchar, igual que Kizito, por recibir la gracia baustismal? ¿Por qué?

EUTANASIA

Clara murió muy joven padeciendo una dolorosa enfermedad. Sin embargo, sus padres, a pesar de que seguramente esto les causó un gran dolor, como lo indica el Catecismo, siguieron las enseñanzas de la Iglesia hasta que Clara murió por causas naturales.

2276 Aquellos cuya vida se encuentra disminuida o debilitada tienen derecho a un respeto especial. Las personas enfermas o disminuidas deben ser atendidas para que lleven una vida tan normal como sea posible.

¿Qué nos enseña el testimonio de Clara en sus últimos días sobre las habilidades de las personas enfermas o discapacitadas?

2277 Cualesquiera que sean los motivos y los medios, la eutanasia directa consiste en poner fin a la vida de personas disminuidas, enfermas o moribundas. Es moralmente inaceptable.

Por tanto, una acción o una omisión que, de suyo o en la intención, provoca la muerte para suprimir el dolor, constituye un homicidio gravemente contrario a la dignidad de la persona humana y al respeto del Dios vivo, su Creador. El error de juicio en el que se puede haber caído de buena fe no cambia la naturaleza de este acto homicida, que se ha de rechazar y excluir siempre (cf. Sagrada Congregación para la Doctrina de la Fe, Decl. Iura et bona).

¿Por qué está mal terminar con la vida de una persona que está sufriendo?

LEGÍTIMA DEFENSA

A pesar que Estanislao no respondió peleando cuando Paul, su hermano, lo molestaba y golpeaba, el Catecismo nos dice que actuar en defensa propia, en momentos en que somos agredidos, es moralmente correcto.

2264 El amor a sí mismo constituye un principio fundamental de la moralidad. Es, por tanto, legítimo hacer respetar el propio derecho a la vida. El que defiende su vida no es culpable de homicidio, incluso cuando se ve obligado a asestar a su agresor un golpe mortal:

«Si para defenderse se ejerce una violencia mayor que la necesaria, se trataría de una acción ilícita. Pero si se rechaza la violencia en forma mesurada, la acción sería lícita [...] y no es necesario para la salvación que se omita este acto de protección mesurada a fin de evitar matar al otro, pues es mayor la obligación que se tiene de velar por la propia vida que por la de otro» (Santo Tomás de Aquino, Suma Teológica, 2-2, q. 64, a. 7).

¿Qué tipo de defensa propia no es permitido?

CASTIDAD

2348 Todo bautizado es llamado a la castidad. El cristiano se ha "revestido de Cristo" (Ga 3, 27), modelo de toda castidad. Todos los fieles de Cristo son llamados a una vida casta según su estado de vida particular.

¿Cómo se comprometió Alfonsa a vivir la castidad?

¿Quiénes están llamados a vivir la virtud de la castidad? ¿Cómo puedes vivir la castidad en tu vida diaria?

CATEQUESIS

Dios llamó a Pedro para que dejara las Islas Filipinas y viviera como misionero sirviendo con el sacerdote jesuita Juan de Vitores en la Isla de Guam. La misión tan valiente de predicar a Cristo y a su Iglesia es su legado, y nos demostró que ser joven no es excusa para dejar de evangelizar; al dar su vida por el Evangelio, nos dio la lección más grande.

426 "En el centro de la catequesis encontramos esencialmente una persona, la de Jesús de Nazaret, Unigénito del Padre [...]; que ha sufrido y ha muerto por nosotros y que ahora, resucitado, vive para siempre con nosotros [...] Catequizar es [...] descubrir en la Persona de Cristo el designio eterno de Dios [...]. Se trata de procurar comprender el significado de los gestos y de las palabras de Cristo, los signos realizados por Él mismo" (CT 5).

En tus palabras, ¿qué es la catequesis? ¿Cuál es su finalidad?

428 El que está llamado a "enseñar a Cristo" debe por tanto, ante todo, buscar esta "ganancia sublime que es el conocimiento de Cristo"; es necesario "aceptar perder todas las cosas para ganar a Cristo, y ser hallado en Él" y "conocerle a Él, el poder de su resurrección y la comunión en sus padecimientos hasta hacerme semejante a Él en su muerte, tratando de llegar a la resurrección de entre los muertos" (Flp 3, 8-11).

429 De este conocimiento amoroso de Cristo es de donde brota el deseo de anunciarlo, de "evangelizar", y de llevar a otros al "sí" de la fe en Jesucristo. Y al mismo tiempo se hace sentir la necesidad de conocer siempre mejor esta fe.

PORNOGRAFÍA

Pensando en la historia de santo Domingo Savio, Domingo necesitó de un gran valor y fortaleza para resistir la tentación de la pornografía y para apartarse de sus compañeros que la veían. También se sabe que Alejandro Serenelli, el agresor de María Goretti, era adicto a la pornografía. El catecismo nos dice exactamente en qué consiste la pornografía y por qué es tan peligrosa para nuestras almas.

> **2354** La pornografía consiste en sacar de la intimidad de los protagonistas actos sexuales, reales o simulados, para exhibirlos ante terceras personas de manera deliberada. Ofende la castidad porque desnaturaliza la finalidad del acto sexual. Atenta gravemente a la dignidad de quienes se dedican a ella (actores, comerciantes, público), pues cada uno viene a ser para otro objeto de un placer rudimentario y de una ganancia ilícita. Introduce a unos y a otros en la ilusión de un mundo ficticio. Es una falta grave.

¿Qué situaciones y medios de comunicación exponen a los jóvenes a los efectos nocivos y pecaminosos de la pornografía?

¿Qué puedes hacer para cuidar tu mente, corazón y alma de la pornografía?

EMPANADAS DE QUESO CON CEBOLLA

MASA

2 tazas de harina

1 barra de mantequilla derretida

1 cucharadita de sal

1 huevo

1 cucharada de vinagre

1/3 taza de agua fría

RELLENO

1 1/4 queso (cheddar, Monterrey Jack, mozarella o una mezcla de los tres)

1 cebolla mediana

2 dientes de ajo

3 cucharadas de aceite de oliva

- Mezcla la harina, sal y mantequilla. En un recipiente aparte mezcla el huevo, el vinagre y el agua. Una vez que hayas mezclado los dos por separado, combínalos y continúa mezclando por cinco minutos. Amasa la mezcla por una hora.
- Mientras tanto, pica el ajo y la cebolla; acitrónalos hasta que queden traslúcidos. Ralla el queso y ponlo en un tazón.
- Una vez que esté fría la masa, haz círculos de unas 6 pulgadas de diámetro y rellénalos con la mezcla del queso. Dóblalas por la mitad, y sella los bordes presionando con un tenedor. Fríelas en aceite de oliva hasta que estén doradas, cerca de 3 minutos. Remueve las empanadas del aceite y colócalas en un plato. Usa una servilleta para absorber la grasa y espera dos minutos para que se enfríen.

MATOKE (4 porciones)

4 plátanos machos

2 cucharadas de jugo de limón

1 cucharada de mantequilla

1 cebolla finamente picada

1 pimiento picado

1/2 taza de hojas de cilantro

2 tazas de caldo de res o de verduras

PARA HACER EL MATOKE:

- Pela los plátanos y córtalos en rebanadas. Cúbrelos con el agua mezclada con el jugo de limón. Déjalos reposar.
- Derrite la mantequilla a fuego medio en un sartén grande. Fríe las cebollas, el pimiento y el cilantro por tres minutos.
- Escurre las rebanadas de plátano. Agrégalos al sartén y cúbrelos con el caldo. Espera hasta que hierva y después cocina a fuego lento por 30 – 35 minutos, hasta que los plátanos estén suaves.
- Haz un puré con la mezcla
- Si nunca has comido un plátano macho, imagina que es como un plátano que sabe a papa. Son más almidonados, menos dulces y pueden cocinarse como postre o como platillo principal. El plátano macho, un ingrediente verdaderamente internacional, también se usa en todo tipo de platillos en el este de África y los puedes encontrar casi en cualquier tienda.

PESTO DE MATT

Dado que Clara Luz nació en la región de Luguria, en el noroeste de Italia, y que casualmente el pesto es originario de esa zona, esta receta es apropiada para celebrar su festividad. Es una salsa que sabe tan delicioso como huele, así es que ponte tu mandil, pon tu sentido del olfato a trabajar e inicia un viaje culinario al lugar natal de Clara. Puedes disfrutar este pesto en una pasta (rinde mucho) o como salsa de pizza.

Ingredientes

2 tazas de hoja de albahaca
1/3 taza de piñones
2 dientes de ajo
1/2 cucharadita de sal
1/4 cucharadita de pimienta
2/3 taza de aceite de oliva extra virgen
1/2 taza de queso parmesano rallado

- Usando un procesador de alimentos o una licuadora, muele la albahaca, los piñones, el ajo, la sal y la pimienta. Luego, agrega poco a poco el aceite de oliva hasta que todos los ingredientes queden bien mezclados. Ayúdate con una espátula para transferir la mezcla a un tazón y revuelve el queso.

TÉ CHAI

5 cucharadas de semillas de cardamomo

2 cucharadas de clavo entero

1 cucharada de semillas de cilantro

6 a 8 rajas de canela, de 2 pulgadas de largo

1/8 a 1/4 cucharaditas de pimienta negra entera

2 estrellas de anís

1 1/4 cucharadita de jengibre

- En una olla, combina todos los ingredientes excepto el jengibre. Tuesta las especias a fuego lento durante tres minutos, hasta que dejen salir su aroma. Agrega el jengibre y licúa. Ahora debes triturar todo junto tan sólo unos momentos, sólo lo suficiente para que las especias se quiebren. Puedes hacer esto ayudándote de un mortero o de un molino de café o especias, o también puedes meter las especias en una bolsa de plástico y triturarlas con un rodillo. Guarda este té en una bolsa sellada herméticamente hasta por cuatro meses.

Para hacer el té Chai

- Mezcla 1 taza de miel con 2 cucharadas de la mezcla para Chai y miel o azúcar morena (empieza con 1 cucharadita). También puedes usar un sustituto de azúcar. Cocina a fuego lento y luego apaga. Cubre y deja reposar durante 10 minutos mientras preparas una taza de té de Assam o Darjeeling (son tes de la India, pero puedes usar cualquier té). Vuelve a calentar la leche en caso de ser necesario y cuélala dividiéndola en dos tazas. Agrega el té que preparaste en cada taza y disfrútalo.

Puedes compartir este té con un amigo poniéndolo en una bolsita en la que incluyas su receta, una oración o un pensamiento sobre santa Alfonsa que te haya impactado mucho; así regalarás un poco del sabor de la India y algo de la sabiduría de esta santa.

LECTIO DIVINA

Popularizada por San Benito, Lectio Divina significa en latín "Lectura Divina". Se practica de forma tradicional en los monasterios, dedicando una hora diaria a la lectura dividida de la siguiente manera:

LECTIO (lectura)

- Leer los pasajes del Evangelio

MEDITATIO (meditación)

- Lee el pasaje del Evangelio de nuevo, sin prisas.
- Concéntrate en las palabras que te impactan
- Si lo deseas, escríbelas en un cuaderno

ORATIO (oración)

- Usa el pasaje como el inicio de tu conversación con Dios.
- ¿Qué te dice la lectura?
- Agradece a Dios por el mensaje que te envía con la lectura
- ¿Qué debes de agradecerle a Dios?
- ¿Hay algo que le debas pedir a Dios?
- ¿Qué debes cambiar en tu vida para acercarte más a Dios?

CONTEMPLATIO (contemplación)

- Siéntate en silencio, meditando lo que el pasaje te dice sobre Dios y su gran amor a ti.
- No hace falta decir palabras

BIBLIOGRAFÍA

Bosco, John. Life of Dominic Savio: Young Pupil at the Oratory of Saint Francis de Sales. 6th ed. Torino: Tipografia e libreria salesiana, 1810. Originally translated by Father Wallace Cornell, SDB. Translation updated 2008 by

Father Julian Fox, SDB.

Juan Pablo II. Homilía en su visita pastoral a la parroquia de santo Domingo Savio en Roma, el 7 de diciembre de 1977.

Catecismo de la Iglesia Católica, versión electrónica disponible en www.vatican.va

Compendio del Catecismo de la Iglesia Católica, versión electrónica disponible en www.vatican.va

Juan Pablo II. Angelus durante su visita pastoral a Benín, Uganda y Kartún, el 17 de febrero de 1993.

Juan Pablo II. Discurso a los obispos de Uganda durante su visita *ad limina*, el 20 de septiembre de 2003.

Juan Pablo II. Discurso al embajador de Uganda, el 21 de marzo de 1980.

Benedicto XVI. Angelus en Castel Gandolfo, Italia, el 26 de septiembre de 2010

Zanzucchi, Michele. Chiara Luce: A Life Lived to the Full. Transl. Frank Johnson.

London: New City Press, 2007. Bodenschatz, Megan. "The word to Chiara Luce's peers." Living City. December 2010.

Kelly, Christine. "Ordinary, extraordinary life." Living City. March 2010.

Badano, Maria Teresa and Ruggero. "Chiara Luce." Living City. December 2010.

"Biographic profile of the Blessed Chiara Badano." Chiaralucebadano.it. March

31, 2010.

Community of Saint John. "Prayers." teresadelosandes.org. September 6, 2010.

Griffin, Michael D. God, the Joy of My Life: A Biography of Saint Teresa of Jesus of the Andes. Hubertus, WI: Teresian Charism Press, 1995.

Juan Pablo II. Homilía en la Misa conclusiva de la Jornada Mundial de la Juventud, el 20 de agosto de 2000.

Juan Pablo II. Discurso a los jóvenes en la Basílica de San Pedro, 15 de noviembre de 1978.

Coleridge, Edward Healy. Quarterly Series: The Story of Saint Stanislaus Kostka. Vol. 13. 2nd ed. London: Burnes & Oates, 1875.

Franciscan Clarist Congregation. "Saint Alphonsa". saintalphonsamma.org

Heikenfeld, Rita Nader. Gifts Without Ribbons: Homemade Love. Lakeside Park, KY: Rita Nader Heikenfeld, 2009.

Benedicto XVI. Homilía en la Misa de canonización de cuatro beatos, 12 de octubre de 2008.

Benedict XVI. "Homily for the Canonization of Four Blesseds." October 12, 2008.

Vatican News Service. "Alphonsa of the Immaculate Conception (1910-1946)." October 12, 2008.

Juan Pablo II. Beatificación de 44 siervos de Dios, 5 de marzo de 2000.

Leyson, Ildebrando Jesus Alino. Pedro Calonsor Bisaya: Prospects of a Teenage Filipino. Cebu City, Philippines: the Archdiocese of Cebu, 2000.

"Prayers." Blessed Pedro Calungsod, Lay Associates of the Missionary Oblates of Mary Immaculate.

Poage, C.P., Godfrey. Saint Maria Goretti: In Garments All Red. Tan Books and Publishers, 1998.